मुसद्दस-ए-हाली

मद्द-ओ-जज़्र-ए-इस्लाम

ख़्वाजा अल्ताफ़ हुसैन 'हाली'

रूपान्तर एवं सम्पादन

अब्दुल बिस्मिल्लाह

राजकमल पेपरबैक्स

राजकमल पेपरबैक्स में
पहला संस्करण : 2022

राजकमल पेपरबैक्स : उत्कृष्ट साहित्य के जनसुलभ संस्करण

राजकमल प्रकाशन प्रा.लि.
1-बी, नेताजी सुभाष मार्ग, दरियागंज
नई दिल्ली-110 002

शाखाएँ : अशोक राजपथ, साइंस कॉलेज के सामने, पटना-800 006
पहली मंजिल, दरबारी बिल्डिंग, महात्मा गांधी मार्ग, प्रयागराज-211 001
36 ए, शेक्सपियर सरणी, कोलकाता-700 017

वेबसाइट : www.rajkamalprakashan.com
ई-मेल : info@rajkamalprakashan.com

बी.के. ऑफसेट
नवीन शाहदरा, दिल्ली-110 002
द्वारा मुद्रित

मूल्य : ₹199

MUSADDAS-E-HALI
by Khwaja Altaf Hussain 'Hali'
Translated & Edited by Abdul Bismillah

ISBN : 978-93-92757-62-4

तरतीब

हाली और मुसद्दस

मैथिलीशरण गुप्त ने अपनी सुप्रसिद्ध कृति 'भारत-भारती' की प्रस्तावना में लिखा है :

'कोई दो वर्ष हुए, मैंने 'पूर्व दर्शन' नाम की एक तुकबन्दी लिखी थी। उस समय चित्त में आया था कि हो सका तो कभी इसे पल्लवित करने की चेष्टा भी करूँगा। इसके कुछ ही दिन बाद उक्त राजा साहब (कुर्री सुदौली के अधिपति श्रीमान राजा रामपाल सिंह जी के.सी.आई.ई.) का एक कृपा पत्र मुझे मिला, जिसमें श्रीमान ने मौलाना 'हाली' के 'मुसद्दस' को लक्ष्य करके इस ढंग की एक कविता-पुस्तक हिन्दुओं के लिए लिखने का मुझसे अनुग्रहपूर्वक अनुरोध किया।'

और इस प्रकार कुर्री सुदौली के तत्कालीन राजा की प्रेरणा से 'भारत-भारती' की रचना संवत् 1969 [सन् 1912 ई.] को सम्पन्न हुई। आश्चर्य किन्तु सत्य यह है कि 'भारत-भारती' की एक पंक्ति लगभग वैसी ही है जैसी कि वह 'हाली' के 'मुसद्दस' में है। वह पंक्ति है :

हम कौन थे, क्या हो गये हैं और क्या होंगे अभी

यह भी एक दिलचस्प तथ्य है कि मैथिलीशरण गुप्त ने 'भारत-भारती' की रचना कुर्री सुदौली के राजा की प्रेरणा से लिखी और ख़्वाजा अल्ताफ़ हुसैन 'हाली' ने 'मुसद्दस' की रचना सर सय्यद अहमद की प्रेरणा से सन् 1879 में अर्थात् लगभग 32 वर्ष पहले ही लिख दी थी। यद्यपि 'हाली' की मूल रचना का नाम 'मद्द-ओ-जज़्र-ए-इस्लाम' अर्थात् इस्लाम का ज्वार-भाटा या उत्थान-पतन था, पर वह 'मुसद्दस' के नाम से ही लोकप्रिय हुई। अत: 'मुसद्दस' का संक्षिप्त परिचय भी आवश्यक है।

मुसद्दस

'मुसद्दस' का शाब्दिक अर्थ है छह पहलुओं वाला। छह फ़ाइर के तमंचे को भी 'मुसद्दस' कहा जाता है। लेकिन 'मुसद्दस' उर्दू कविता की एक क़िस्म भी है जिसमें चार मिसरे एक तरह के क़ाफ़ियों (तुकों) में और दो मिसरे प्राय: अलग तरह के क़ाफ़ियों में होते हैं। और यह कुल मिलाकर छह मिसरों का एक बन्द

कहलाता है। ऐसे बहुत से बन्दों का समूह 'मुसद्दस' कहलाता है। 'मुसद्दस' के किसी बन्द का अन्तिम अर्थात् तीसरा शे'र 'टीप' कहा जाता है। हिन्दी में इससे मिलता-जुलता छन्द छप्पय है।

ख़्वाजा अल्ताफ़ हुसैन 'हाली'

'मुसद्दस' के रचयिता ख़्वाजा अल्ताफ़ हुसैन 'हाली' का जन्म सन् 1837 में हुआ था और वे पानीपत के रहने वाले थे। उनका वास्तविक नाम ख़्वाजा अल्ताफ़ हुसैन था, मगर उर्दू कविता की दुनिया में वे 'हाली' के नाम से ही प्रसिद्ध हुए।

'हाली' ने जिस समय साहित्य के क्षेत्र में पदार्पण किया उत्तर भारत में नव जागरण की लहर बह रही थी, जिसके प्रवाह में बहकर शाइरी करना उनके लिए अवश्यंभावी था। उर्दू में नई कविता के निर्माता मौला0ना मुहम्मद हुसैन 'आज़ाद' माने जाते हैं। वस्तुत: नई शिक्षा और नई सामाजिक चेतना का प्रभाव तत्कालीन साहित्य पर भी पड़ रहा था। 1857 भी जनक्रान्ति के बाद ही लाहौर में 'अंजुमने-पंजाब' की नींव पड़ी और 8 मई, 1874 को वहाँ एक ऐसा कवि सम्मेलन हुआ जिसमें नये ढंग की कविताएँ पढ़ी गईं। 'हाली' ने इस सम्मेलन के लिए कुछ रचनाएँ लिखीं और जैसा कि प्रो. एहतेशाम हुसैन साहब ने लिखा है, थोड़े ही समय में यह नया ढंग सारे भारतवर्ष में फैल गया।

'हाली' की उम्र लगभग नौ वर्ष की थी, कि उनके पिता का देहान्त हो गया। माँ पहले ही मानसिक बीमारी से ग्रस्त थीं। अत: 'हाली' का पालन-पोषण उनके भाइयों ने किया और लगभग सत्रह वर्ष की आयु में उनका विवाह भी हो गया। इस समय तक उन्होंने अरबी-फ़ारसी की अनेक पुस्तकें पढ़ डाली थीं और वे अपनी शिक्षा को और विकसित करना चाहते थे। यही कारण है कि जब उनकी पत्नी अपने मायके गई हुई थीं तो वे पैदल ही दिल्ली की तरफ़ चल पड़े और दिल्ली पहुँचकर अनेक विद्वानों की संगत में वे शिक्षा प्राप्त करने लगे। इसी क्रम में उनकी मुलाक़ात मिर्ज़ा ग़ालिब से हुई और वे ग़ालिब के शागिर्द बन गए।

'हाली' ने दिल्ली में ही अपनी पुस्तक अरबी भाषा में लिखी, जो धार्मिक ढंग की थी, लेकिन मिर्ज़ा ग़ालिब से मुलाक़ात के बाद उनके साहित्य का स्वर बदला और उनका रुझान आधुनिकता की ओर मुड़ गया।

प्रो. एहतेशाम हुसैन के अनुसार, "दिल्ली के निवास-काल में उनसे सर सैयद से भेंट हुई जो ग़दर के बाद से मुसलमानों के एक बड़े नेता गिने जाने लगे थे। उन्होंने 'हाली' से मुसलमानों के उत्थान और पतन पर एक कविता लिखने का अनुरोध किया और 'हाली' ने अपनी सुप्रसिद्ध रचना 'मद्द-ओ-जज्र-ए-इस्लाम' सन् 1879 ई. में लिखी जो 'मुसद्दसे-हाली' के नाम से प्रसिद्ध है। वैसे तो 'हाली' सर सैयद

की स्थापित की हुई मुस्लिम एजुकेशनल कॉन्फ्रेंस के अधिवेशनों में कविताएँ पढ़ा ही करते थे पर इस प्रधान रचना ने उनका सुयश चारों ओर फैला दिया।"

मुसद्दस के प्रथम संस्करण वाली भूमिका में 'हाली' ने सम्भवत: सर सैयद के बारे में ही लिखा है कि 'नागाह देखा कि एक ख़ुदा का बन्दा जो इस मैदान का मर्द है एक दुश्वार गुज़ार रस्ते में रहनवर्द है। बहुत से लोग उसके साथ चले थे, थककर पीछे रह गए हैं। बहुत से लोग उसके साथ उफ़तानो-ख़ेज़ाँ चले जाते हैं...' ख़्वाजा अल्ताफ़ हुसैन 'हाली' भी उस 'मर्द' के साथ चलते रहे और नतीजे में 'मुसद्दस' जैसी रचना कर गए जो उर्दू और हिन्दी ही नहीं, बल्कि सभी भारतवासियों के लिए नव जाग्रति के युग को समझने के लिए आवश्यक है। यहाँ एक बात उल्लेखनीय है : एक मौक़े पर सर सैयद अहमद ने कहा था : 'अगर ख़ुदा ने मुझसे पूछा कि दुनिया में तुमने क्या किया तो मैं जवाब दूँगा कि मैंने ख़्वाजा अल्ताफ़ हुसैन 'हाली' से 'मुसद्दसे-हाली' लिखवाई।' ज्ञातव्य है कि 'भारत दर्पण' या 'मुसद्दस' कैफ़ी भी 'मुसद्दस' की तर्ज़ पर लिखी गई थी। रचयिता थे ब्रजमोहन दत्तात्रेय कैफ़ी। यह किताब 'भारत-भारती' से सात वर्ष पूर्व, यानी सन् 1906 में प्रकाशित हो गई थी। लेकिन वह लोकप्रिय नहीं हुई। 'मुसद्दसे-हाली' की लोकप्रियता का अनुमान इस बात से लगाया जा सकता है कि उसके प्रकाशित होते ही चारों ओर उसे इतनी प्रसिद्धि मिली कि विभिन्न क्षेत्रों में उसके संस्करण हो गए और उसके कई अंश विद्यालयों के पाठ्यक्रमों में लग गए। लेकिन 'मुसद्दस' के प्रथम संस्करण का अन्त चूँकि कुछ हद तक नैराश्यपूर्ण था इसलिए लगभग छह-सात वर्षों बाद ही सन् 1886 में उसका जो दूसरा संस्करण उन्होंने छपवाया उसमें एक 'ज़मीम:' अर्थात् परिशिष्ट जोड़ दिया। साथ ही 'अर्ज़े-हाल' शीर्षक से तत्कालीन परिस्थितियों का एक लेखा-जोखा भी प्रस्तुत करके ही वे संतुष्ट हो सके। 'हाली' की यह रचना 'मुसद्दस' अनेक बार छप चुकी है लेकिन उनकी अन्य रचनाएँ भी कम महत्त्वपूर्ण नहीं हैं। सन् 1887 में ही उन्होंने अपनी दूसरी कविता 'मुनाजाते-बेवा' लिखी और इस प्रकार की सामाजिक एवं नैतिक सुधारपरक कविताएँ आजीवन लिखते रहे। सन् 1904 ई. में उन्हें 'शम्सुल-उलमा' की उपाधि मिली जिसको उन्होंने स्वीकार तो कर लिया, परन्तु जैसा कि एहतेशाम साहब ने लिखा है, उससे वे प्रसन्न न हुए। सन् 1914 ई. में उनका देहान्त हो गया।

जैसा कि हर दौर में होता रहा है 'हाली' ने भी आरम्भ में ग़ज़लें ही कहीं। वे मीर और ग़ालिब से बहुत प्रभावित भी थे मगर बाद में उनकी रीति बदल गई। यही कारण है कि उन्होंने 'मुसद्दस', 'मुनाजाते-बेवा', 'बरखा रुत', 'हुब्बे-वतन' और 'चुप की दाद' जैसी नज़्में समाज को दीं जिनसे उनकी सहृदयता और गम्भीरता का पता तो चलता ही है, साथ ही भारतीय मनुष्यों की दुर्दशा के प्रति उनकी चिन्ता

और उनके विकास के प्रति उनकी छटपटाहट का अनुमान भी सहज ही लगाया जा सकता है।

ख़्वाजा अल्ताफ़ हुसैन 'हाली' कवि ही नहीं, एक सुधी आलोचक भी थे, जिसके प्रसिद्ध उदाहरण हैं 'मुक़द्दमः-ए-शे'रो शाइरी' तथा 'यादगारे ग़ालिब'। 'यादगारे-ग़ालिब' जो दो खंडों में विभाजित है, उसके पहले भाग का अनुवाद मैंने ही किया है, जो हिन्दी अकादमी, दिल्ली से प्रकाशित है। दूसरे खंड का अनुवाद इसलिए नहीं किया गया कि वह मिर्ज़ा ग़ालिब की फ़ारसी में लिखित रचनाओं पर आधारित है, जिसमें लम्बे-लम्बे उद्धरण दिए गए हैं।

'मुसद्दस' और 'भारत-भारती' के उद्देश्यों से साफ़ पता चलता है कि एक रचना यदि मुसलमानों को जाग्रत करने के लिए लिखी गई तो दूसरी हिन्दुओं को। काश! कोई ऐसी काव्य रचना रची गई होती जो पूरे भारतीय समाज को जाग्रत करने वाली होती। हालाँकि यह गुण भारतेन्दु हरिश्चन्द्र के निबन्ध 'भारत वर्षोन्नति कैसे हो सकती है' में विद्यमान है। किन्तु यह भी सत्य है कि मुसलमानों और हिन्दुओं के बहाने से दोनों ही रचनाकारों ने एक पूरे समाज को जगाने का कार्य किया, भले ही कहीं किंचित साम्प्रदायिकता लक्षित हो रही हो।

हाली की मुसद्दस

'हाली' की यह रचना 'मुसद्दस' दुरूह काव्य का नमूना है। अपनी इस रचना में 'हाली' ने फ़ारसी नहीं, बल्कि अरबीनिष्ठ भाषा का प्रयोग किया है। इसलिए इसको समझने में पाठकों को बड़ी कठिनाई का सामना करना पड़ता है/पड़ सकता है। आरम्भ के कुछ अंश तो इसलिए भी बहुत दुरूह हैं कि उसमें अनेकानेक ऐतिहासिक, सांस्कृतिक एक भौगोलिक परिवेश की शब्दावली भरी हुई है।

इसकी दुरूहता इस हद तक है कि इसे नागरी लिपि में रूपान्तरित करना भी सहज काम नहीं था। जो लोग यह समझते हैं कि उर्दू को हिन्दी में रूपान्तरित करने में क्या मुश्किल है, वे इसे पढ़ते हुए सहज ही उस मुश्किल का अन्दाज़ा लगा सकते हैं।

लेकिन अपनी तमाम दुरूहता के बावजूद इसकी लोकप्रियता इतनी रही है और है कि हिन्दी के विद्वान भी इसकी पंक्तियों को यत्र-तत्र उद्धृत करते रहे हैं। ज़ाहिर है कि वे उद्धरण कई बार ग़लत साबित होते हैं। उदाहरण के लिए मैं यहाँ एक प्रसंग का उल्लेख करूँगा। जब मैं इलाहाबाद विश्वविद्यालय से अपनी डी. फ़िल्. उपाधि के लिए शोध-प्रबन्ध लिख रहा था तो मेरे गुरुदेव स्व. जगदीश गुप्त ने 'मुसद्दस' का एक अंश मुझसे उद्धृत करवाया, जो इस प्रकार था :

दीन इस्लाम का बेबाक बेड़ा जो
कुल जम में ठहरा न काबुल में अटका

किए पार थे जिसने सालों समन्दर
वो डूबा दहाने में गंगा के आकर

वस्तुतः यह अंश पं. श्रीनारायण चतुर्वेदी की पुस्तक 'आधुनिक हिन्दी का आदिकाल' के पृष्ठ 90 पर उद्धृत है। तब तक मैंने 'हाली' की 'मुसद्दस' पढ़ी नहीं थी। जब उसे पढ़ा तो पता चला कि वह अंश इस प्रकार है :

वो दीने हिजाज़ी का बेबाक बेड़ा
निशां जिसका अक़्सा-ए-आलम में पहुँचा
महाज़िम हुआ कोई ख़तरा न जिसका
न उम्माँ में ठिठका न कुलज़म में झिझका
किए पै-सिपर जिसने सातों समन्दर
वो डूबा दहाने में गंगा के आकर

लेकिन मेरा विचार है कि इस तरह की त्रुटियों को नज़रअन्दाज़ किया जाना चाहिए, क्योंकि त्रुटियों का होना ही लोकप्रियता की बड़ी कसौटी है। कबीर और तुलसी से लेकर मीरा और ग़ालिब तक की अनेक रचनाएँ अपनी त्रुटियों के साथ सामान्य जन में लोकप्रिय हैं। लेकिन यही त्रुटियाँ तब बहुत गड़बड़ पैदा करती हैं जब वे शोध का हिस्सा बन जाती हैं। गत वर्षों में 'भारत-भारती' और 'मुसद्दस' को लेकर कई लघु शोध प्रबन्ध सामने आये, जिनमें इस प्रकार की ग़लतियों की भरमार थी। कारण स्पष्ट था कि वे विद्यार्थी उर्दू नहीं जानते और सारे उद्धरण हिन्दी की पुस्तकों में उपलब्ध सामग्री से ले-लेकर अपना काम चलाते रहे हैं। इससे एक बड़ी हानि यह भी हुई है कि अभी तक 'भारत-भारती' और 'मुसद्दस' को लेकर कोई गम्भीर और महत्त्वपूर्ण शोधकार्य, [जहाँ तक मेरी जानकारी है] प्रकाश में नहीं आ सका है।

'मुसद्दस' और 'भारत-भारती'

भारत-भारती के पाठक यह अच्छी तरह जानते हैं कि मैथिलीशरण गुप्त की यह रचना भाँति-भाँति के उपशीर्षकों से भरी हुई है। चूँकि वह 'मुसद्दस' की तर्ज़ पर लिखी गई है इसलिए ऐसा होना स्वाभाविक था। 'मुसद्दस' तो पहले से ही उपशीर्षकों से भरी हुई रचना रही है। लेकिन कुछेक उपशीर्षक 'मुसद्दस' में ऐसे हैं जो 'भारत-भारती' में नहीं दिखते। उदाहरणार्थ 'मुसद्दस' में एक शीर्षक है : 'हिन्दुओं की मुअज़्ज़िज़ क़ौमें'। यद्यपि 'भारत-भारती' में भी 'प्रशंसा' शीर्षक से एक अंश है, मगर उसका सम्बन्ध सामान्य जनों से नहीं है। तो भी दोनों ही रचनाओं के उपशीर्षकों को देखना अत्यन्त रोचक और महत्त्वपूर्ण है। इसलिए उनकी बानगी

यहाँ प्रस्तुत है। 'भारत-भारती' तीन खंडों में विभाजित है, किन्तु 'मुसद्दस' एक मुकम्मल रचना है और उसके उपशीर्षक कुछ इस प्रकार हैं :

'मुसद्दस' के उपशीर्षक

मुसलमानों की मौजूदा हालत
ज़मानः-ए-जाहिलियत
तौहीद की तालीम
समाज-व्यवहार की शिक्षा
इल्म
तअस्सुब
सम्पन्नता
तमद्दुन [संस्कृति]
आसारे सनादीदे-इस्लाम
अह्ले-इस्लाम का पतन
क़ौम से ख़िताब
हिन्दोस्तान के मुसलमान
यूरोपवालों की वक़्त की पाबन्दी
हिन्दुओं की मुअज़्ज़िज़ क़ौमें
क़ौम की ख़राबी के आसार
भिखारीपन
अमीरों की सोहबत
सामर्थ्यवान मुसलमान
युगीन विद्वज्जन
ईर्ष्या और दम्भ
शाइरी
शुरफ़ा की औलाद
हुकूमत की बरकतें

अब उपर्युक्त उपशीर्षकों को सामने रखकर यदि 'भारत-भारती' के उपशीर्षकों पर नज़र डालें तो अनेक शीर्षक समान उद्देश्य से युक्त प्रतीत होते हैं। जैसे :

'भारत-भारती' के उपशीर्षक

भारतवर्ष की श्रेष्ठता
हमारे पूर्वज
हमारी विद्या-बुद्धि

हमारी सभ्यता
वैद्यक
राजत्व और शासन
अवनति का आरम्भ
मुसलमानों का प्रवेश
यवन राजत्व

ये शीर्षक 'अतीत खंड' के हैं, जिनमें 'प्रशंसा' शीर्षक से अकबर का गुणगान किया गया है। फिर 'ब्रिटिश राज्य' के कुछ अंश को भी 'अतीत खंड' में रखा गया है।

'वर्तमान खंड' के कुछ उपशीर्षक इस प्रकार हैं :

दारिद्र्य
कृषि और कृषक
गो वध
व्यापार
रईस
रईसों के सपूत
अविद्या
शिक्षा की अवस्था
धर्म की दशा
तीर्थ और तीर्थ पण्डे
समाज
व्यभिचार

अन्त में 'भविष्यत कांड' है, जो पाठकों को आशान्वित करने वाला है।

'मुसद्दस' में खंड तो नहीं है, परन्तु मूल 'मुसद्दस' के अलावा एक 'ज़मीम:' [परिशिष्ट] और 'अर्ज़े-हाल' से वह भी तीन खंडों में विभाजित-सा हो गया है। ध्यातव्य है कि 'हाली' ने अपनी मूल रचना तथा परिशिष्ट वाला भाग तो 'मुसद्दस' के छन्द में लिखा है, मगर 'अर्ज़े-हाल' में उन्होंने वह छन्द नहीं अपनाया, बल्कि उसे 'ग़ज़ल' के शिल्प में लिखा है।

यहाँ 'मुसद्दस' के एक उपशीर्षक 'हिन्दुओं की मुअज़्ज़िज़ क़ौमें' के कुछ अंश उद्धृत किए जा रहे हैं, कई दृष्टियों से महत्त्वपूर्ण प्रतीत होते हैं। पंक्तियाँ द्रष्टव्य हैं :

मुअज़्ज़िज़ हैं हर एक दरबार में वो
गिरामी हैं हर एक सरकार में वो

न रुसवा हैं आदाबो-अतवार में वो
न बदनाम गुफ़्तारो-किरदार में वो
न पेशे से, हर्फ़े से इन्कार उनको
न मेहनत मशक़्क़त से कुछ आर उनको

'भारत-भारती' में दूसरी क़ौम की ऐसी प्रशंसा नहीं दिखाई देती। यह आश्चर्यजनक है। अलबत्ता आलोचना भरी हुई है। (कई कारणों से मैं उदाहरण देने से परहेज़ करना ही श्रेयष्कर समझता हूँ।) जबकि 'मुसद्दस' की आलोचना के केन्द्र में ख़ुद मुसलमान हैं। 'हाली' ने लिखा है :

अमल वाइज़ों के अगर क़ौल पर है
तो बख़्शिश की उम्मीद बेसर्फ़े-ज़र है
नमाज़ और रोज़ा की आदत अगर है
तो रोज़े-हिसाब उनको फिर किसका डर है
अगर शहर में कोई मस्जिद बना दी
तो फ़िरदौस में नीव अपनी जमा दी

आलोचना ही नहीं; प्रदर्शनप्रिय मुसलमानों का मज़ाक़ भी उन्होंने उड़ाया है :

जो चाहे कि ख़ुश उनसे मिल कर हो इंसाँ
तो है शर्त वो क़ौम का हो मुसलमाँ
निशाँ सजदे का हो जबीं पर नुमायाँ
तशर्रोअ में उसके न हो कोई नुक़साँ
लबें बढ़ रही हों न दाढ़ी चढ़ी हो
इजार अपनी हद से न आगे बढ़ी हो

ऐसे मुसलमान, जो दूसरे धर्मावलम्बियों से नफ़रत करते हैं, उन पर भी कटाक्ष किया है :

करे ग़ैर गर बुत की पूजा तो काफ़िर
जो ठहराये बेटा ख़ुदा का तो काफ़िर
झुके आग पर बह् रे-सज्दः तो काफ़िर
कवाकिब में माने करिश्मः तो काफ़िर
मगर मोमिनों पर कुशादः हैं राहें
परस्तिश करें शौक़ से जिसकी चाहें

निस्सन्देह यहाँ न तो 'भारत-भारती' और 'मुसद्दस' की तुलना करना ध्येय है और न ही 'मुसद्दस' का विश्लेषण। यह कार्य तो भविष्य में सहृदय पाठक और

गम्भीर शोधकर्ता ही करेंगे। मैंने तो इस बहाने मात्र उर्दू-हिन्दी के बीच एक पुल बनाने की कोशिश की है, जो कि मृत्यु के बाद क़यामत के दिन 'सेरात' को पार करने से कम कठिन कार्य नहीं रहा है।

'मुसद्दस-ए-हाली' के इस हिन्दी रूपान्तर का आधार मैंने सालेहा अज़हर द्वारा सम्पादित उर्दू संस्करण को बनाया है। रूपान्तर को मुकम्मल बनाने में 'मुसद्दस-ए-हाली' के कई अन्य संस्करणों से भी मदद मिली, जिनमें मुंशी नवलकिशोर (लखनऊ), ताज कम्पनी लिमिटेड (लाहौर), वज़ीर-ए-हिन्द प्रेस (अमृतसर) और हाली पब्लिशिंग हाउस (दिल्ली) से प्रकाशित संस्करण प्रमुख हैं। इसके लिए मैं इन सबका हृदय से आभारी हूँ।

पुस्तक में जो भी कठिन और दुरूह शब्द आए हैं, पादटिप्पणी में उनके अर्थ दे दिए गए हैं। बहुत से अर्थ उर्दू संस्करण में ही मिल गए, किन्तु अनेक शब्दों के अर्थ विभिन्न शब्दकोशों की सहायता से लिए गए हैं। 'हाली' ने जो दो दीबाचे लिखे हैं, उनका भी अनुवाद न करके मैंने लिप्यंतरण करना ही उचित समझा ताकि पाठकों को उनके गद्य का रस भी प्राप्त हो सके। उपशीर्षकों को कहीं-कहीं अनूदित कर दिया गया है और कहीं-कहीं नीचे उनके अर्थ दे दिए गए हैं। मैं स्वीकार करता हूँ कि अब भी ऐसे अनेक शब्द होंगे जिनके अर्थ मैं नहीं दे सका हूँ। भविष्य में यदि स्वास्थ्य ने साथ दिया और इसका दूसरा संस्करण प्रकाशित हुआ तो उन कमियों का समाहार करने की कोशिश करूँगा। लेकिन तमाम कमियों के बावजूद 'हाली' की यह 'मुसद्दस' हिन्दी पाठकों को आनन्दित ही नहीं उन्हें लाभान्वित भी करेगी, ऐसा मुझे विश्वास है।

अन्त में एक बात और।

सन् 1946 में कवियों के कवि शमशेर बहादुर सिंह ने 'नया साहित्य' में 'मुसद्दस' और 'भारत-भारती' की तुलना करते हुए एक अत्यन्त महत्त्वपूर्ण लेख लिखा था। सम्भवत: यह लेख दोनों कृतियों के तुलनात्मक अध्ययन का हिन्दी में [उर्दू के बारे में मुझे पता नहीं] किया गया प्रथम प्रयास था। पाठकों के लिए इसकी उपयोगिता और महत्ता को देखते हुए यह लेख भी साथ में दिया जा रहा है।

—अब्दुल बिस्मिल्लाह

'मुसद्दस' और 'भारत-भारती' की सांस्कृतिक भूमिका

शमशेर बहादुर सिंह

[1]

'हाली' की मशहूर क़ौमी नज़्म 'मुसद्दस' अब से छह पीढ़ी पूर्व और मैथिलीशरण जी की 'भारत-भारती' चार पीढ़ी पूर्व देश की जागरूक भावनाओं का प्रतिबिम्ब हैं। दोनों मिलकर हमारी आज की जातिगत राष्ट्रीय भावनाओं की भूमिका प्रस्तुत करती हैं। दोनों में हमारी संस्कृति के मुख्य आधारों का परिचय देने का प्रयत्न किया गया है। 'मुसद्दस' में मुस्लिम संस्कृति का, 'भारत-भारती' में हिन्दू संस्कृति का।

इन दोनों कविताओं में कवियों ने बहुत कठिन ज़िम्मेदारी अपने ऊपर ली और उसे शक्ति-भर निभाया। उन्होंने लोकप्रिय काव्य-रूप में जातीय इतिहास का मूल्यांकन, 'वर्तमान' का सच्चा वर्णन, और भविष्य के लिए स्पष्ट कर्तव्यनिर्देश हमें दिया।

दोनों में कवि अपने पाठक से कहता है कि समय बदल गया है, तुम्हें भी उसके अनुरूप बदल जाना चाहिए—मगर अपनी परम्परा की मर्यादा रखते हुए।

हम लेख के पहले भाग में 'मुसद्दस' को लेंगे।

हाली कहते हैं—

"...ज़माने का नया ठाट देखकर पुरानी शायरी से दिल भर गया था और झूठे ढकोसले बाँधने से शर्म आने लगी थी।...क़ौम के एक सच्चे ख़ैरख़्वाह ने...आकर मलामत की[1] और ग़ैरत[2] दिलाई कि हैवानेनातिक़[3] होने का दावा करना और ख़ुदा की दी हुई ज़बान से कुछ काम न लेना बड़े शर्म की बात है।"

"क़ौम की हालत तबाह है।...मगर नज़्म...क़ौम को जगाने के लिए अब तक किसी ने नहीं लिखी।" अस्तु, "बरसों की बुझी हुई तबीअत में एक वलवला[4] पैदा

1. झिड़का, 2. शर्म, 3. मुँह से बोल लेनेवाला जीव, 4. उमंग।

हुआ, और बासी कढ़ी में एक उबाल आया। अफ़सुर्दा[1] दिल, बोसीदा[2] दिमाग़ जो अमराज़[3] के मुतवातिर[4] हमलों से किसी काम के न रहे थे, उन्हीं से काम में लेना शुरू किया और एक मुसद्दस[5] की बुनियाद डाली।"

—'मुसद्दस' की भूमिका

यह 'क़ौम का सच्चा ख़ैरख़्वाह' सर सैयद अहमद ख़ाँ था। सर सैयद अहमद उस समय मुसलमानों में एक बहुत बड़े सांस्कृतिक आन्दोलन की पेशवाई कर रहे थे। 'हाली' के 'मुसद्दस' का सम्बन्ध उसी आन्दोलन से है। इसको समझने के लिए यहाँ मुसलमानों के राष्ट्रीय इतिहास की एक झलक ले लेना ज़रूरी होगा।

सन् सत्तावन की क्रान्ति विफल हो जाने के बाद मुसलमानों में भारी निराशा और पस्ती छा गई। मुग़ल साम्राज्य, अवध की नवाबी और कितनी ही रियासतें, बड़ी-बड़ी जागीरें, और उनका वैभव और सत्ता, ख़त्म हो चुकी थी, और उनके साथ-साथ वे सांस्कृतिक संस्थाएँ भी, जिनका पोषण उन अमलदारियों में होता आया था। शिक्षा के लिए एक-तिहाई माफ़ियाँ ['वक्फ़'] मुसलमानों को मिली हुई थीं, वे सब सरकार ने अपने हाथ में ले लीं। फ़ौजी महकमा भी मुसलमानों के लिए बन्द हो गया। गवर्नमेंट को मुसलमानों पर भरोसा नहीं था। पंजाब में, लगभग सन् 1830 से अंग्रेज़-विरोध पहले ही हावी आन्दोलन का रूप धारण कर चुका था। यह कई पीढ़ी तक चला। इस सक्रिय विरोध के पीछे पुनरुत्थान की तीव्र भावना थी।

मौलवियों ने अपने फ़तवों में घोषित किया कि फ़िरंगी इसलाम के दुश्मन हैं। तीव्र अंग्रेज़-विरोधी कटुता मुसलमानों में भर गई; लेकिन उनका आन्दोलन दबा दिया गया। फलस्वरूप पस्ती और निराशा के वातावरण में मुस्लिम समाज की मर्यादा नष्ट होने लगी। इस दशा को साफ़-साफ़ सबसे पहले देखा सर सैयद ने।

सर सैयद ने मुसलमानों को चेतावनी दी कि युग की माँगें बदल गई हैं। संसार की जातियों में प्रगति की होड़ लगी हुई है। जिस जाति के अधिकार में विज्ञान, व्यापार और राजनीति की बागडोर होगी, वही औरों से बाज़ी ले जाएगी। उन्होंने मुसलमानों को अन्धविश्वास और अकर्मण्यता के गर्त से निकालकर देश की सामान्य राजनीतिक तथा सामाजिक प्रगति में योग्यता से भाग लेने के लिए प्रोत्साहित किया। उनके लिए अलीगढ़ और दिल्ली में कॉलेजों की नींव डाली,

---

1. मुर्झाया हुआ, 2. सड़ा हुआ, 3. रोग। 4. लगातार, 5. 'मुसद्दस' का अर्थ है छह-छह पदों के बन्द वाली कविता। 'हाली' के इस 'मुसद्दस' का शीर्षक 'मद्द-ओ-जज्र-ए-इस्लाम' अर्थात् 'इस्लाम का ज्वार-भाटा' है, पर वह 'मुसद्दसे-हाली' अथवा केवल 'मुसद्दस' के नाम से ही अधिक विख्यात है।

स्कूल खोले, अख़बार जारी किया; सभाओं और असेम्बली में हर प्रकार से उनकी उन्नति के लिए प्रचार किया।

हाली ने भी अपनी कविता का पुराना स्वर बदल दिया, और जाति और देश के लिए मंगलकारी उद्देश्यपूर्ण रचनाएँ लिखना आरम्भ कर दीं; जैसे—'बेवाओं की मुनाजात', 'बरखा-रुत', आधुनिक शैली पर काव्यालोचना, आदि। देशवासियों की भावनाओं का परिष्कार और परिमार्जन वे उसी प्रकार कर रहे थे जिस प्रकार सर सैयद उनकी रूढ़ मान्यताओं और पुराने विचारों का। उत्तर भारत के सांस्कृतिक समुत्थान में 'हाली' का इसलिए ऐतिहासिक महत्त्व है।

'हाली' के 'मुसद्दस' को मुसलमानों की एक छोटी-मोटी गुटका-रामायण ही समझना चाहिए। 'हाली' ने भी शायद इस 'मुसद्दस' से सुन्दर और महत्त्वपूर्ण दूसरी कविता नहीं लिखी।

'मुसद्दस' का आरम्भ इस रुबाई से होता है—

पस्ती का कोई हद से गुज़रना देखे!
इस्लाम का गिरकर न उभरना देखे!
माने न कभी कि मद है हर जज़्र के बाद
दरिया का हमारे जो उतरना देखे!

'हाली' के काव्य में उनका पूरा युग बोलता है। उस युग की पूरी माँगें मुखर होती हैं; और कितना दर्द है उस स्वर की उन्मुखता में, कितना निश्छल अपनाव, कितना सीधा-सादा असर!

बहुत आग चिलमों की सुलगाने वाले,
बहुत घास की गठरियाँ लाने वाले,
बहुत दर-ब-दर माँगकर खाने वाले,
बहुत फ़ाक़े कर-करके मर जाने वाले,
—जो पूछो कि किस कान के हैं वो जौहर
तो निकलेंगे नस्ले-मलूक[1] उनमें अक्सर।
ये जो कुछ हुआ, एक शम्मा है उसका
कि जो वक़्त, यारों पे है आने वाला;...
नहीं गर्चे कुछ क़ौम में हाल बाक़ी,
अभी और होना है पामाल बाक़ी।

हाली ने क़ौम की दर्दनाक हालत देखी, लेकिन वह इस अवनति से हताश नहीं हुए।

---

1. राजसी घराने के।

'ज़मीमे' ['मुसद्दस' के परिशिष्ट भाग] में आशा का धुँधला प्रकाश इस गहरी करुणा के विराम को मिटाने लगता है। हम देखते हैं, धीरे-धीरे उभर, समाज के प्रत्येक अंग में करवटें लेती, अलसाई चेतना किस प्रकार शैथिल्य को त्याग कर जीवन को प्रगति की ओर उन्मुख कर रही है :

बहुत दिन से दरिया का पानी खड़ा था।...
हुई थी ये पानी से ज़ायल रवानी
कि मुश्किल से कह सकते थे उसको पानी,
पर अब उसमें रौ कुछ-कुछ आने लगी है,
किनारों को उसके हिलाने लगी है;
हवा बुलबुले कुछ उठाने लगी है,
अफ़ूनत[1] वो पानी से जाने लगी है...

और लोग अब—

ज़रा दस्तो-बाज़ू हिलाने लगे हैं;
वो सोते में कुछ कुलबुलाने लगे हैं।...
बुज़ुर्गी के दावों से फिरने लगे हैं;
वो ख़ुद अपनी नज़रों से गिरने लगे हैं।...
नयी रोशनी से हैं आँखें चुराते,
मगर साथ ही यह भी हैं कहते जाते,
कि दुनिया नहीं गर्चे रहने के क़ाबिल
पर इस तरह दुनिया में रहना है मुश्किल
धुएँ कुछ दिलों से निकलने लगे हैं;
कुछ आरे-से सीनों पे चलने लगे हैं;
वो ग़फ़लत की रातें गुज़रने को हैं अब,
नशे जो चढ़े थे उतरने को हैं अब!
नहीं गर्चे कुछ दर्दे-इस्लाम उनको,
बराबर है, हो सुबह या शाम, उनको,
मगर क़ौम की सुनके कोई मुसीबत,
उन्हें कुछ-न-कुछ आ ही जाती है रिक़्क़त[2]।

मेहनत करने की ठानकर कुछ लोग उठते हैं; अपने को वक़्त के तक़ाज़ों पर ढालते हैं। समाज की रोज़ाना ज़िन्दगी के हर मोड़ पर वह अपने उपयोग और अपनी इंसानियत का सबूत देते हैं। पर कुछ काहिलुलवजूद, सन्देहधारी भी हैं; जो

---

1. दुर्गन्ध, 2. झेंप, शर्मिन्दगी।

स्वार्थी हैं, चाहते हैं बस खाने को पेट भर मिलता रहे, मेहनत की सख़्तियाँ उठाने की उनमें हिम्मत नहीं; अपनी निष्फलता पर रोते हैं, कि दैव उनसे प्रसन्न नहीं।

हाली कहते हैं कि इन्हीं निकम्मों ने, जो नहीं जानते कि 'हरकत में होती है बरकत ख़ुदा की', सल्तनतों को तबाह कर दिया है। वे आगाह करते हैं कि—

बचो ऐसे शूमों की परछाइयों से
डरो ऐसे चुपचाप यग़माइयों[1] से।

लेकिन पुरुषार्थों का भी एक संसार है। ये पुरुषार्थी हैं किसान-मज़दूर और उनके साथी बुद्धिजीवी। इनकी प्रशस्ति 'हाली' ने दिल खोलकर लिखी है।

वो थकते हैं और चैन पाती है दुनिया;
कमाते हैं वो और खाती है दुनिया।...
समझते नहीं इसमें जाँ अपनी जाँ को,
वो मर-मर के रखते हैं ज़िन्दा जहाँ को।
न लू जेठ की दम तुड़ाती है उनका,
न ठिर माघ की जी छुड़ाती है उनका।
इन्हीं का उजाला है हर रहगुज़र में
इन्हीं की है यह रौशनी दश्तो-दर[2] में।
हरिक मुल्क में ख़ैरो-बरकत है उनसे।
हरेक क़ौम की शानो-शौकत है इनसे।
नजाबत है इनसे, शराफ़त है इनसे,
शरफ़[3] इनसे, फ़ख्र इनसे, इज़्ज़त है इनसे।

फिर 'हाली' विज्ञान की दुनिया में अपनी जाति का आह्वान करते हैं। इसी दुनिया में पश्चिमी राष्ट्रों ने पूर्व को परास्त किया है।

बस अब इल्मो-फ़न के वो फैलाओ सामाँ
कि नस्लें तुम्हारी बने जिनसे इन्साँ,
ग़रीबों को राहे-तरक़्क़ी हो आसाँ,
अमीरों में हो नूरे-तालिम ताबाँ[4]।...
रईसों की, जागीरदारों की दौलत,
फ़क़ीहो[5] की, दानिशवरों[6] की फ़ज़ीलत[7],
बुज़ुर्गों की और वाइज़ों[8] की नसीहत
अदीबों[9] की और शायरों की फ़साहत[10]

1. लुटेरों, 2. जंगल और बस्ती, 3. श्रेष्ठता, 4. दीप्त, 5. धर्मशास्त्र वेत्ताओं, 6. बुद्धिमानों, 7. श्रेष्ठता, 8. उपदेशकों, 9. साहित्यिकों, 10. रसज्ञता।

जँचे तब कुछ आँखों में अहले-वतन की
जो काम आये बहबूद में[1] में अंजुमन की।

हाली जन-समाज के बढ़ते हुए आत्मविश्वास को, लोकतन्त्र की बढ़ती रौ को, आनेवाले आन्दोलनों को, धुँधला-धुँधला मगर असंदिग्ध रूप से महसूस कर रहे थे। इसीलिए इस्लाम का लोकतंत्रवादी पहलू अपने पाठकों के सामने रखा और अपने नबी को एक पेशवा, लगभग एक नये राष्ट्र के प्रेसिडेंट का-सा दर्जा दिया—एक श्रेष्ठ मानव का, देवता का नहीं, एक ऐसे मनुष्य का जो अपने अनुयायियों को स्पष्ट समझाकर कहता है कि मेरी हद से रुतबा न मेरा बढ़ाना...

नहीं बन्दा होने में कुछ मुझसे कम तुम,
कि बेचारगी में बराबर हैं हम तुम।
मुझे दी है हक़ ने बस इतनी बुज़ुर्गी।
कि बन्दा भी हूँ उसका और एलची[1] भी।

हाली ने अपनी रचना में कहीं भी व्यक्ति को समाज में पहला स्थान नहीं दिया, बल्कि साफ़ कहा कि—

जमाअत[2] की इज़्ज़त में है सबकी इज़्ज़त,
जमाअत की ज़िल्लत[3] में है सबकी ज़िल्लत।
रही है न हरगिज़ रहेगी सलामत—
न शख़्सी[4] बुज़ुर्गी, न शख़्सी हुकूमत।

अहं का भाव इस पूरे 'मुसद्दस' में कहीं नहीं उठता। 'हाली' में किसी प्रकार की साम्प्रदायिक संकीर्णता की बू कहीं दूर तक भी हमें नहीं मिलती। ऐसी भावना, उनके चरित्र के, जैसा हम उसे जानते हैं, विरुद्ध होती। नबी ने धार्मिक संकीर्णता और विद्वेष से अनुयायियों को दूर रखा था। 'मुसद्दस' के शब्दों में, उसने—

डराया तअस्सुब[5] से उनको ये कहकर
कि ज़िन्दा रहा और मरा जो इसी पर
हुआ वो हमारी जमाअत से बाहर;
वो साथी हमारा, न हम उसके यावर[6]।
कहा है ये इसलामियों की अलामत[7]
कि हमसाये[8] से रखते हैं वो मोहब्बत।

---

11. भलाई। 1. दूत, 2. संघ, समाज, 3. अपमान, 4. व्यक्ति की, 5. धार्मिक असहिष्णुता, 6. मददगार, 7. पहचान, 8. पड़ोसी।

वो जो हक़ से अपने लिए चाहते हैं,
वही हर बशर के लिए चाहते हैं।

जब हम पूरी रचना को देखते हैं तो उसका संगठन अद्भुत रूप से पुष्ट जान पड़ता है। कोई एक भाव बिलकुल उसी रूप में दोहराया नहीं गया। पूरी कविता की लड़ियाँ आपस में इस तरह गुथी हुई हैं, कि अगर एक को भी तोड़कर अलग करें तो पूरी कविता का सौन्दर्य उसी परिमाण में टूटता और बिखरता है। एक-एक बन्द की लड़ी भी स्वयं पूरी शृंखला में बँधी रहकर ही अपना पूरा चमत्कार और प्रभाव दिखाती है। किसी कलात्मक रचना की सफलता की शायद सबसे बड़ी कसौटी यही है कि उसके सब जोड़-बन्द इस तरह एक-दूसरे से मिले हुए चले जाएँ कि वे एकाएक महसूस न हों। इस दृष्टिकोण से यह पूरा 'मुसद्दस' ['रुबाई'] 'मुसद्दस,' 'ज़मीमा' [परिशिष्ट] बल्कि 'हुआ'[1] को भी मिलाकर एक प्रबन्ध काव्य नहीं, एक लिरिक काव्य है। इसका वही रस-सौन्दर्य है जो एक सरस दोहे का होता अथवा एक शे'र या 'सानेट' का माना जाता है, अर्थात् सम्पूर्ण रचनाएँ भावों की आन्तरिक एकता की सहज परिव्याप्ति; जैसे संगीत के राग में होती है।

हाली यूनानी, शेष योरोपीय और अंग्रेज़ी साहित्य की ऐतिहासिक रूपरेखा और उनकी विशिष्ट रचनाओं से परिचित थे और अपनी रचनाओं की भावभूमि को प्रशस्त रूप से उदार और आधुनिक बनाने में उस ज्ञान से उन्होंने पूरा-पूरा लाभ उठाया था।

उनकी रचनाओं में—इस 'मुसद्दस' में तो और भी—अपने देश और अपनी जाति से ही नहीं, संसार की समस्त जातियों और देशों से उनका स्वाभाविक प्रेम झलकता है। उनकी उन्नति से ईर्ष्या का नहीं, स्पर्धा का भाव उनमें जोश मारता है। एक स्थान पर वह कहते हैं कि अगर कोई ऐसा ऊँचा टीला हो कि वहाँ से सारी दुनिया नज़र आती हो, और फिर उस पर एक ज्ञानी चढ़े 'कि क़ुदरत के दंगल का देखे तमाशा,' तो—

वो देखेगा हरसू[2] हज़ारों चमन वाँ :
बहुत ताज़ातर सूरते-बाग़-रिज़वाँ[3];
बहुत उनसे कमतर, प' सरसब्ज़ो-ख़न्दाँ[4];
बहुत खुश्क और बेतरावत—मगर हाँ,
नहीं लाए गो बर्गो-बार[5] उनके पौदे,
नज़र आते हैं होनहार उनके पौदे।

1. ताज संस्करण, 2. हर तरफ़, 3. स्वर्ग के उद्यान के समान है, 4. हरे-भरे, हँसते हुए, 5. पत्ते और फल।

इस पूरे बन्द के लहज़े में संसार की विभिन्न जातियों से 'हाली' का वही प्रेम टपकता है जो एक पुराने माली का अपने उद्यान से होता है।

देश-प्रेम निस्सन्देह 'हाली' में कूट-कूटकर भरा था। 'हुब्बे-वतन' नामक अपनी मशहूर कविता में, जो आज से सत्तर साल पहले लिखी गई थी, वह स्वदेश से, अपने सर्वोच्च स्वर्ग से, पूछते हैं :

ऐ वतन, ऐ मेरे बहिश्ते-बरीं!
क्या हुए तेरे आसमान् ओ-ज़मीं?

"...क़ौम के लिए अपने बेहुनर हाथों से एक आईनाख़ाना बनाया, जिसमें आकर वह अपने ख़तो-ख़ाल देख सकते हैं कि हम कौन थे और क्या हो गए।"

—**हाली** ['मुसद्दस' की पहली भूमिका]

[2]

आओ, विचारें आज मिलकर ये समस्याएँ सभी,
हम कौन थे, क्या हो गये हैं और क्या होंगे अभी।

—**मैथिलीशरण** ['भारत-भारती']

'भारत-भारती' हिन्दी में हिन्दुओं के लिए बीसवीं सदी के प्रारम्भ में 'हाली' के क़ौमी 'मुसद्दस' की कमी भी–एक सांस्कृतिक माँग की—पूर्ति है, जैसा कि इसकी रचना का कारण बताते हुए स्वयं मैथिलीशरण जी भूमिका में लिखते हैं :

'बड़े खेद की बात है कि हम लोगों के लिए हिन्दी में अभी तक इस ढंग की कोई पुस्तक नहीं लिखी गई जिसमें हमारी प्राचीन उन्नति, अर्वाचीन अवनति का वर्णन भी हो और भविष्यत् के लिए प्रोत्साहन भी।'...देशवत्सल सज्जनों को यह त्रुटि बहुत रही है। ऐसे महानुभावों में श्रीमान् राजा रामपाल सिंह जी सी.आई.ई. महोदय हैं।

'कई वर्ष हुए मैंने 'पूर्व दर्शन' नाम की एक तुकबन्दी लिखी थी। उस समय चित्त में आया था कि हो सका तो कभी इसे पल्लवित करने की चेष्टा भी करूँगा। इसके कुछ ही दिनों बाद उक्त राजा साहब का एक कृपापत्र मुझे मिला जिसमें श्रीमान् ने मौलाना 'हाली' के 'मुसद्दस' को लक्ष्य करके एक कविता-पुस्तक हिन्दुओं के लिए लिखने का मुझसे अनुग्रहपूर्वक अनुरोध किया।...'

'भारत-भारती' सन् 1913 में प्रकाशित हुई।

वास्तव में 'भारत-भारती' की प्रेरक शक्तियों के पीछे एक युग विशेष की संस्कृतियाँ थीं। उस समय की परिस्थितियों का जन्म उस आन्दोलन से हुआ

था जिसकी दो-तीन पीढ़ियाँ बीत चुकी थीं। जब एक ओर राजा राममोहन राय 1772-1833 ई., ईश्वरचन्द्र विद्यासागर [1820-91], केशवचन्द्र सेन [1838-84], आदि समाज-सुधार-सम्बन्धी प्रचार कार्य कर रहे थे, और दूसरी ओर बंगाल, महाराष्ट्र, पंजाब और पश्चिमी युक्तप्रान्त में रामकृष्ण परमहंस [1836-86], स्वामी विवेकानन्द [1862-1902], स्वामी दयानन्द सरस्वती [1834-83] और स्वामी रामतीर्थ का धार्मिक, आध्यात्मिक पुनरुत्थानवादी प्रचार बढ़ रहा था।

अस्तु, उन्नीसवीं शताब्दी में प्रचलित धर्म-सम्बन्धी बहुत से नये दृष्टिकोण मैथिलीशरण जी के समय तक हिन्दू जनता के संस्कार में घुल-मिल गए थे। इस प्रकार 'भारत-भारती' के प्रणेता को जिस युग का वातावरण मिला, वह था पंजाब और पश्चिमी युक्तप्रान्त में आर्य समाजी प्रचार कार्य के उत्तरार्द्ध का। हिन्दुओं में चारों ओर 'वैदिक युग' और 'आर्य सभ्यता' की गूँज सुनाई पड़ती थी।

बहुत कुछ मनुस्मृति का 'सनातनी' पक्ष भी लिए हुए एक प्रगतिशील समन्वय के रूप में 'भारत-भारती' उसी की भावुक प्रतिध्वनि है।

कवि की आदर्श समाज-कल्पना का आधार रामायण-महाभारतकालीन चातुर्वर्ण्याश्रम है।

हिन्दू समाज के चारों वर्गों में जो दोष पैदा हो गए हैं, कवि चाहता है वे दूर हो जाएँ; पर वह यह भी चाहता है कि वह व्यवस्था आज परिस्थितियों के अनुकूल बनकर अपनी पूर्व मर्यादा को अक्षुण्ण रखे।

'मुसद्दस' और 'भारत-भारती' दोनों अपने वर्ण्य-विषय और उद्देश्य में समान हैं; पर भिन्न 'देश-काल' के प्रभाव से उनके निहित दृष्टिकोण और भावनाओं के रूप में कुछ अन्तर आ गया है—मौलिक अन्तर।

हिन्दी में 'हाली' का समानान्तर साहित्यकार वास्तव में भारतेन्दु हरिश्चन्द्र हैं। दोनों की प्रेरक शक्तियाँ वे दो उपरोक्त सुधारवादी सांस्कृतिक आन्दोलन हैं, जिनके प्रतीक रूप राजा राममोहन राय और [उनसे लगभग 30 वर्ष बाद] सर सैयद अहमद माने जाते हैं। हिन्दुओं और मुसलमानों की राजनीतिक-सांस्कृतिक नव-चेतना में यह तीस-पैंतीस वर्ष का अन्तर हमारी बहुत-सी राष्ट्रीय, साम्प्रदायिक और सांस्कृतिक समस्याओं के मूल में है।

हाली और भारतेन्दु जी के समय में सामाजिक सुधार और राष्ट्रीय जागरण की नव-युगीन चेतना, पंजाब और युक्तप्रान्त में अपने तीव्रतम रूप में उभरी हुई थी। इन दोनों महान साहित्यकारों का गद्य और पद्य में उस युग की पूर्ण स्फूर्ति लिए हुए है। उस युग की विचारधारा में अपनी भाषाओं के ये दोनों प्रथम और अग्रणी खेवा हैं। एक ओर 'हाली' का 'मुसद्दस' और उनकी मसनवियाँ, दूसरी ओर भारतेन्दु जी के नाटक सहज ही देश में उठती नई जातीय राष्ट्रीयता को व्यक्त कर रहे थे।

मध्यवर्ग की सामाजिक शक्ति का वह उठता युवा-काल था। 'हाली' और

भारतेन्दु की भावनाओं में उसे पहले-पहल अपने अस्तित्व का बोध और अनुभव हुआ।

मैथिलीशरण जी के वयस्क होने तक यह अनुभव संस्कार-रूप में परिणत हो चुका था और नई धार्मिक-सांस्कृतिक मान्यताएँ बहुत कुछ स्थिर हो चुकी थीं।

'मुसद्दस की तो पहले-पहल बाज़ मुस्लिम हलक़ों में कटु उपेक्षा भी की गई थी; पर 'भारत-भारती' की—'मुसद्दस के एक वृहद्, सुपरिवर्द्धित, 'आर्य' संस्करण की—तो, अब शुरू से ही माँग थी। एक प्रतिभाशाली उत्साही युवक कवि द्वारा उसकी पूर्ति सहज ही सम्भव थी, और मैथिलीशरण जी ने सत्ताईस वर्ष की आयु में सुचारु रूप से वह कार्य सम्पन्न कर दिया, और प्रकाशित होते ही उसकी चारों ओर धूम हो गई।...

वस्तुत: दोनों कवियों के निहित दृष्टिकोण और भावनाओं के रूप में हम उनके समय का प्रभाव स्पष्ट देखते हैं।

'मुसद्दस' में आरम्भ से अन्त तक 'हाली' की सारी चिन्ता वर्तमान के ही विषय में है। भूतकालीन 'सच्चरित्र', 'विद्या' और 'वैभव' का उत्कर्ष पग-पग पर वर्तमान की अधोगति की ओर संकेत करता है। मुस्लिम जाति को स्पष्ट शब्दों में सीधे-सीधे उपदेश आरम्भ हो जाते हैं। 'मुसद्दस के ऐतिहासिक अंश को शिक्षाप्रद बनाने का, हर उदाहरण में वर्तमान के लिए उसकी उपयोगिता ढूँढ़ने का दृष्टिकोण बन्द-बन्द में, पद-पद में अपना प्रमाण देता चलता है। शिक्षा, उद्योग और पुरुषार्थ के आदर्शों पर ज़ोर देकर—जाति को उठाकर, किस प्रकार उसे उसके देश की अन्य प्रगतिशील जातियों के समकक्ष लाया जाए मात्र यही 'हाली' की चिन्ता थी। यह चिन्ता 'हाली' के पूरे युग की चिन्ता थी। उस युग की जो नवीन शिक्षा-आन्दोलन का युग था, बड़ी सांस्कृतिक हलचलों का युग था। 'हाली' का पाठक उस चिन्ता से स्वयं भर उठता है।

सन् 1879 में 'हाली' के समय में अंग्रेज़ों के प्रति लोगों के हृदय में उतनी कटुता नहीं थी। विक्टोरिया शासन-काल में 'हाली' देखते हैं कि 'राजा से परजा तक सब सुखी हैं।' अपने 'मुसद्दस' में वह मुसलमानों से कहते हैं—

हुकूमत ने आज़ादियाँ तुमको दी हैं,
तरक़्क़ी की राहें सरासर खुली हैं...
नहीं बन्द रस्ता किसी कारवाँ का

—पृष्ठ 80 [ताज संस्करण]

लेकिन गुप्त जी के काल में राष्ट्रीय आन्दोलन काफ़ी विकसित हो चुका था। बंग-भंग और स्वदेशी आन्दोलन के रूप में साम्राज्यवाद विरोधी भावना तीव्रतर होती जा रही थी। पर मैथिलीशरण जी ने लगभग 'हाली' के ही स्वर में स्वर मिलाकर जब कहा कि :

देते हुए भी कर्म-फल हम पर हुई उसकी दया।
भेजा प्रसिद्ध उदार जिसने ब्रिटिश राज्य यहाँ नया॥

—भा. भा., पृष्ठ 80

तो वह अपने समय की प्रगति से कुछ पीछे पड़ गए-से जान पड़ते हैं।

बार-बार और ध्यान से 'भारत-भारती' को पढ़ने पर जो भाव मुख्य रूप से हृदय पर जमता है, वह अपने प्राचीन गौरव का है—इसके बावजूद कि इस काव्य के तीन खंड हैं—अतीत, वर्तमान और भविष्यत् फिर भी सम्पूर्ण का भाव लेकर देखें तो भविष्यत् मानो अतीत का ही प्रति दर्पण है, और वर्तमान उस अतीत का न होना, जिसकी भविष्य के लिए आकांक्षा। मैं अपना यह मत स्पष्ट करना चाहता हूँ कि कवि की मूल भावनाएँ अतीत से जितनी बँधी हुई हैं, उतनी वर्तमान से नहीं, यद्यपि 'भारत-भारती' में वर्तमान खंड, विषय की दृष्टि से हिन्दी काव्य में अभी तक आप अपनी मिसाल है। फिर भी, अतीत की समाज व्यवस्था कवि को इस हद तक मान्य है कि वह परोक्ष से साधु, सन्त, महन्त, तीर्थ, गुरु, पण्डा आदि का औपयोगिक महत्त्व ही नहीं स्वीकार करता, बल्कि उस चतुर्वर्ण व्यवस्था में, [मसलन] शूद्रों को भी उसी प्रकार अपना सेवा-धर्म पालन करने के उपदेश देता है [पृष्ठ 169-70], जैसे कि अपने-अपने वर्णों की मर्यादा रखते हुए कर्म करने का उपदेश यथाक्रम उसने ब्राह्मण, क्षत्रिय और वैश्य को दिया है। ऐसा सामाजिक दृष्टिकोण उचित था या नहीं—यह प्रश्न यहाँ नहीं उठाना है, केवल जिस चीज़ को यहाँ स्पष्ट करना चाहता हूँ, वह यह है कि यह दृष्टिकोण, मूलतः सुधारवादी भावनाओं में रोमांटिक रूप से अतीतानुरागी था।

हम देखते हैं कि 'भारत-भारती' में कवि की भावुकता और भावनाओं की आधार भूमि आगे की समस्त कृतियों के लिए सीमित हो गई है। 'भारत-भारती' कवि के भविष्य के लिए एक स्पष्ट दिशा इंगित कर देती है। मानो अतीत में ही हमारे स्वर्णादर्श हैं, अतीत में ही 'राम राज्य' है—स्वर्गिक कार्य-कलापों का स्वप्न-लोक, वह कर्म-भूमि, अयोध्या नहीं, साकेत है। हमारे उसी अतीत के स्वप्न, जो इन आगामी रचनाओं में कृतिबद्ध होते चले गए हैं—'जयद्रथ-वध', 'हिन्दू', 'गुरुकुल', 'साकेत', 'यशोधरा', 'द्वापर', 'सिद्धराज'...। चौबीस वर्ष बाद भी कवि कहता है—

मुझ पर चढ़ने से रहा, राम! दूसरा रंग।

—'द्वापर'

समय अपने साथ बहुत से नये अनुभव लाया, सब अन्ततोगत्वा उसी अतीत

गौरव की महत् भावना में मिल गए। राष्ट्रीयता की नई चेतना, सविनय अवज्ञा आन्दोलन की भावना, उसके नैतिक राजनीतिक आधार, सत्य और अहिंसा, चर्खा और खादी—गांधीवाद के ये सभी आदर्श कवि ने अपनाये। यहाँ तक कि समय के प्रभाव से 'रहस्यवाद' की छाप भी कवि के भक्त हृदय ने किंचित ग्रहण की; पर इन सबको उसने अपनी उसी पुरातन मुखापेक्षी जातीय मूलक-सुधारवादी राष्ट्रीयता के रंग में रँग लिया, और उस रंग में वय:क्रम के साथ भक्ति की व्यंजना और रूढ़ होती गई।

ऊपर हम देख चुके हैं कि एक ओर 'भारत-भारती' का कवि ब्रिटिश शासन सम्बन्धी विक्टोरियायुगीन धारणाओं को नहीं छोड़ सका था, और दूसरी ओर उसको चतुर्वर्ण व्यवस्था के प्रति रूढ़िवादी मोह था, जबकि 'भारत-भारती' का युग इन प्रवृत्तियों को पीछे छोड़ता जा रहा था।

'भारत-भारती' के कवि ने, फिर भी, अपने युग की कई प्रवृत्तियों को एक सबल और अनुप्रेरक रूप दिया। यही उसकी सबसे बड़ी विशेषता थी, और इसी कारण वह अत्यन्त लोकप्रिय हुआ। जब कवि कहता है—

शासन किसी पर-जाति का चाहे विवेक-विशिष्ट हो,
सम्भव नहीं है, किन्तु जो सर्वांश में वह इष्ट हो :
यह सत्य है, तो भी ब्रिटिश शासन हमें सम्मान्य है,
वह सुव्यवस्थित है, तथा आशा प्रपूर्ण वदान्य है।

तो इस उक्ति में स्पष्ट ही दासता का विरोध भी, यद्यपि वह दूसरी भावनाओं से सीमित है, हम पाते हैं।

'भारत-भारती' के कवि ने राष्ट्र और उसकी परम्पराओं का दिग्दर्शन कराया, और उसे प्रेम करने के लिए हिन्दी संसार को अनुप्रेरित किया। यह देश-प्रेम की सबसे पहली सीढ़ी है।

भूलोक का गौरव, प्रकृति का पुण्य लीलास्थल कहाँ?
फैला मनोहर गिरि हिमालय और गंगा जल जहाँ?
सम्पूर्ण देशों से अधिक किस देश का उत्कर्ष है?
उसका कि जो ऋषिभूमि है, वह कौन? भारतवर्ष है।

इन पंक्तियों को पढ़कर किस भारतीय का हृदय अभिमान से न भर उठेगा? 'भारत-भारती' का कवि इस देश की पीड़ित और दुखी जनता से प्रेम करता है। किसको न याद होंगे कृषकों के जीवन पर वे कितने ही पद—

बरसा रहा है रवि अनल, भूतल तवा-सा जल रहा!

आदि; जहाँ रह-रहकर बार-बार यह मार्मिक भाव प्रश्न बनकर उठता है—

किस लोभ से वे आज भी लेते नहीं विश्राम हैं?

इस युवक कवि ने नवीन भारत को अपनी आँखों से देश का वास्तविक चित्र, दिखाया।

दुर्भिक्ष मानो देह धर के घूमता सब ओर है,
हा अन्न! हा! हा! अन्न का रव गूँजता सब ओर है;
आते प्रभञ्जन से यथा तप मध्य सूखे पत्र हैं,
लाखों यहाँ भूखे भिखारी घूमते सर्वत्र हैं।

जनता ऐसी विषण्ण परिस्थिति में है, मगर सामर्थ्यशील धनाढ्य वर्ग देश की उन्नति में योग देने के बजाय ऐशो-आराम में डूबा हुआ है। कवि का आक्रोश उभर उठता है। वह व्यंग से कहता है, बल्कि उसी वर्ग के एक व्यक्ति के मुख से कहलाता है—

तुम मर रहे हो तो मरो, तुमसे हमें क्या काम है?
हमको किसी की क्या पड़ी है, काम है, धन-धाम है।
तुम कौन हो जिनके लिए हमको यहाँ अवकाश हो,
सुख भोगते हैं हम, हमें क्या जो किसी का नाश हो?

भारत के इस वर्ग को इंगित कर कवि ने देश में गुणों की स्थिति का वर्णन करते हुए कहा—

है चाटुकारी में चतुरता, कुशलता छल-छद्म में,
पाण्डित्य पर-निन्दा-विषय में, शूरता है सद्म में,
कारीगरी है शेष अब साक्षी बनाने में यहाँ।
है सत्य या विश्वास केवल क़सम खाने में यहाँ।
निज अर्थ-साधन में हमारी रह गई अब भक्ति है,
है कर्म बस दासत्व में, बस स्वर्ण में ही शक्ति है।
पोशाक में शुचिता रही, बस, क्रोध में ही क्रान्ति है...

—इत्यादि

'भारत-भारती' के इस व्यंग की चोट आज भी अपना असर रखती है। इनको पढ़कर क्या उस समय का युवक विक्षुब्ध न हो उठा होगा? उसी युवक को कवि ने ललकार कर कहा—

अब भी समय है जागने का, देख आँखें खोल के!
सब जग जगाता है तुझे जगकर स्वयं जय बोल के!

और फिर इस जाग्रत जन-समाज को वह प्रगति का मार्ग दिखाता है। उसे स्वयं वर्णव्यवस्था की प्राचीन रूढ़ियाँ मान्य हैं, लेकिन जब वह कहता है—

विपरीत विश्व-प्रवाह के निज नाव जा सकती नहीं,
अब पूर्व की बातें सभी प्रस्ताव पा सकती नहीं।

तो मानो वह अपने युग के उठते हुए स्वार्थचेता मध्यवर्ग की आवाज़ को प्रतिध्वनित कर रहा है। वह युग, कवि के शब्दों में, अपनी भावनाओं और धारणाओं को इस प्रकार साकार होते देख रहा था—

व्यवसाय अपने व्यर्थ हैं, अब नव्य यन्त्रों के बिना,
परतन्त्र हैं हम सब कहीं अब भव्य यन्त्रों के बिना,
कल के हलों के सामने अब पूर्व का हल व्यर्थ है,
उस वाष्प-विद्युद्वेग-सम्मुख देह का बल व्यर्थ है।
प्राचीन हों कि नवीन, छोड़ो रूढ़ियाँ जो हों बुरी,
बनकर विवेकी तुम दिखाओ हंस जैसी चातुरी,
सर्वत्र एक अपूर्व युग का हो रहा संचार है,
देखो, दिनोदिन बढ़ रहा विज्ञान का विस्तार है।

और आज तो 'भारत-भारती' की यह एक बहुत बड़ी विशेषता मालूम होगी—जो कि अब से तीस वर्ष पूर्व के साहित्यिकों का एक सामान्य गुण अथवा संस्कृतिजन्य स्वभाव था—कि इसमें जातिगत कटुता अथवा संकुचित दृष्टिकोण कवि ने नहीं आने दिया। यह सच है कि दो-एक स्थलों पर कवि का भाव कतिपय संकुचित-सा हो गया है। जैसे, एक स्थान पर कवि को शोक प्रकट करना पड़ा कि 'हाय वैदिक धर्म-रवि था बौद्ध-घन से घिर गया।' और फिर इस बात पर सन्तोष कि 'भगवान शंकर ने भगा दी बौद्ध भ्रान्ति भयावही' पर ये पंक्तियाँ भी देखिए—

हिंसा बढ़ी ऐसी कि मानव दानवों से बढ़ गये;
तब शाक्य मुनि के रूप में प्रकटी दयामय की दया।

इसी प्रकार जहाँ 'यवनों' के अत्याचार को भी भुलाया नहीं जा सका है, वहाँ दूसरी ओर यह भी स्वीकार किया है—

कम कीर्ति अकबर की नहीं सत्शासकों की ख्याति में,
शासक न उसके सम सभी होंगे किसी भी जाति में,
हो हिन्दुओं के अर्थ हिन्दू, यवन यवनों के लिए...

आगे चलकर वे अपना दृष्टिकोण स्पष्ट करते हैं और हिन्दू-मुस्लिम एकता पर इस तरह ज़ोर देते हैं—

हिन्दू तथा तुम सब चढ़े हो एक नौका पर यहाँ
जो एक का होगा अहित, तो दूसरे का हित कहाँ!

चरित्र-निर्माण और सांस्कृतिक शिक्षा के लिए कविता का, एक अस्त्र की भाँति, कैसे उपयोग किया जा सकता है, 'भारत-भारती' सचमुच उसका मार्मिक उत्तर है।

* * *

आज फिर अनेक समस्याओं से गुंथने, उन्हें सुलझाने का संघर्षमय युग आ उपस्थित हुआ है; अब जातीय गौरव-गाथाएँ रणभेरियाँसी बन गई हैं। सर्व जन-साधारण, मज़दूर, किसान, विद्यार्थी, स्त्री-वर्ग, नेता, विचारक, लेखक, कलाकार—सभी समाजों, समूहों, धर्मों, जातियों, वर्गों के लोग, सभी अपने-अपने दृष्टिकोण से आज की अपनी अवस्था को समझने और समझाने में दिलचस्पी ले रहे हैं, अस्तु, आज दूसरे विश्वव्यापी महाभारत के बाद—जब संयुक्त लोक-शक्ति फ़ासिज़्म को, अन्तिम नहीं, तो निर्णयात्मक रूप से अवश्य ही हरा चुकी है। जब 'राष्ट्रीयता' की विभिन्न परिभाषाएँ देश-विदेश में प्रचलित हैं; और 'स्वाधीनता', 'देश', 'जाति', 'धर्म', 'वर्ग', 'शासन', 'जन-अधिकार' आदि के वास्तविक रूप और उनकी यथार्थ सीमाएँ अन्तर्राष्ट्रीय परिस्थितियों के अनुसार रोज़-रोज़ निर्धारित और नियोजित होती हैं; और इस घनीभूत विषमता के विरोध में सभी देशों के दलित और अपहृत वर्ग संगठित मोर्चा बनाने लगे हैं, ऐसे समय में हमें क्या कुछ आवश्यकता नहीं है अपनी स्वस्थ परम्पराओं को उनके सच्चे रूप में समझने की, उनसे शक्ति, स्वास्थ्य और प्रेरणा लेने की; अपने भविष्य निर्माण में उनसे आवश्यक सहायता और योग प्राप्त करने की? हमारे समाज की स्वस्थ-भावुक आत्मा को उसकी भारी आवश्यकता है। हमारे 'आर्य', 'मुस्लिम', 'सिख', 'पारसी' अथवा 'ईसाई' समाज को ही नहीं, बल्कि इनसे मिलकर बने पूरे भारतीय समाज को भी उसकी आवश्यकता है। ताकि देश के सभी लोग एक-दूसरे की सामाजिक-सांस्कृतिक-राजनीतिक परम्परा के प्रभावों से पोषित अनुप्राणित अपनी परम्परा को, सम्मिलित सत्य के आधार पर, आज की आवश्यकताओं

के लिए, अपनी भावना में सजीव कर सकें। उस परम्परा का यथार्थ रूप हड़प्पा और मोहनजोदड़ो से भी पूर्व से नाना रूपों में व्याप्त, आदि 'मनु' के समान, हमारे देश और हमारे प्राणों में अमर है। क्या है आज वह, उसकी प्रेरणाओं का गुम्फित इतिहास क्या है—जनता समझना चाहती है; उसका सम्पूर्ण सच्चा राग अपने प्राणों में भर लेना चाहती है। आज तो मनुष्य मात्र के लिए उदार, विशाल सहानुभूति की शक्ति जिसके गम्भीर हृदय को संस्कार रूप में मिली होगी, वही केवल प्रखर सत्य का अन्वेषण, साहित्यिक—वह चाहे कवि हो या कथाकार—अपनी निर्भय वाणी में देश की अनेक प्राचीन अर्वाचीन जातियों तथा भाषाओं की 'नाना-पुराण-निगमागम समस्त' गाथाओं और इतिहासों का एक समन्वयित राग हमारी आधुनिक परिस्थितियों से लड़ती हुई भावनाओं में प्रवाहित कर सकेगा। यह असम्भव नहीं है। उसी परिमाण में असम्भव नहीं है, जिस परिमाण में हमारा विश्वास अपने देश की शक्तियों में अजेय और अक्षुण्ण है।

सम्प्रति ऐसी पृष्ठभूमि में 'मुसद्दस' और 'भारत-भारती' का गम्भीर अध्ययन न केवल खड़ी बोली के नये साहित्यिक के लिए, बल्कि हिन्दी और उर्दू के साधारण पाठक के लिए भी, सर्व—विशेषकर सांस्कृतिक दृष्टिकोण से, उपयोगी और महत्त्वपूर्ण है।

['नया साहित्य' : अंक 4-5, 1946]

[मलयज द्वारा सम्पादित 'शमशेर बहादुर सिंह की कुछ गद्य रचनाएँ' से साभार।]

मुसद्दस-ए-हाली

मद्द-ओ-जज़्र-ए-इस्लाम

हाली द्वारा लिखित भूमिकाएँ

दीबाचः*

[1296 हिजरी अर्थात सन् 1879]

बुलबुल की चमन में हमज़बानी छोड़ी
बज़्मे-शोअरा में शे'र ख़्वानी छोड़ी
जबसे दिले-ज़िन्दः तूने हमको छोड़ा
हमने भी तेरी राम कहानी छोड़ी

बचपन का ज़माना जो कि हक़ीक़त में दुनिया की बादशाहत का ज़माना है, एक दिलचस्प और पुरफ़िज़ा मैदान में गुज़रा; जो कुल्फ़त[1] के गर्दो-गुबार से बिलकुल पाक था। वहाँ रेत के टीले थे न ख़ारदार झाड़ियाँ थीं, न आँधियों के तूफ़ान थे न बादेसमूम[2] की लपट थी।

जब हम मैदान से खेलते-कूदते आगे बढ़े तो एक और सहरा[3] उससे भी ज़ियादः दिलफ़रेब नज़र आया, जिसके देखते ही हज़ारों वलवले और लाखों उमंगें ख़ुद-बख़ुद दिल में पैदा हो गईं। मगर यह सहरा जिस क़दर निशात-अंगेज़[4] था उसी क़दर वहशतखेज़[5] था। उसकी सरसब्ज़ झाड़ियों में हौलनाक दरिन्दे छुपे हुए थे और उसके ख़ुशनुमा पौधों पर साँप और बिच्छू लिपटे हुए थे। जूँ ही उसकी सरहद में क़दम रक्खा हर गोशः से शेर व पलंग[6] और मारू[7] कज़दुम[8] निकल आए। बाग़े-जवानी की बहार अगरचे क़ाबिले-दीद थी मगर दुनिया की मकरूहात[9] से दम लेने की फ़ुर्सत न मिली, न ख़ुदआराई[10] का ख़याल आया, न इश्क़ो-जवानी की हवा लगी, न वस्ल[11] की लज़्ज़त उठाई न फ़िराक़[12] का मज़ा चखा।

पिन्हाँ था दामे-सख़्त क़रीब आशियाने के
उड़ने न पाये थे कि गिरफ़्तार हो गये

अलबत्ता शाइरी की बदौलत चंद रोज़ झूठा आशिक़ बनना था। एक ख़याली माशूक़ की चाह में बरसों दस्ते-जुनूं की वो ख़ाक उड़ाई कि क़ैसो-फ़रहाद को गर्द

---

* भूमिका

1. रंज, 2. गर्म हवा, 3. जंगल, रेगिस्तान, 4. आनन्दप्रद, 5. भयावह, 6. तेंदुआ, 7. साँप, 8. बिच्छू, 9. बेकार क़िस्म के काम, 10. आत्म प्रदर्शन, 11. संयोग, 12. वियोग।

कर दिया। कभी नाल:-ए-शबी[1] से रुबअे-मस्कूँ[2] को हिला डाला, कभी चश्मे-दरियाबार[3] से तमाम आलम को डुबो दिया। आहो-फ़ुग़ां के शोर से करूबियों[4] के कान बहरे हो गए, शिकायतों की बौछार से ज़मान: चीख़ उठा। तानों की भरमार से आस्मान छलनी हो गया। जब रश्क का तलातुम[5] हुआ तो सारी ख़ुदाई को रक़ीब समझा। यहाँ तक कि आप अपने से बदगुमान हो गए। जब शौक़ का दरिया उमड़ा तो कशिशे-दिल से जज़्बे-मक़नातीसी[6] और क़ूवते-कहरुबाई[7] का काम लिया। बारहा तेग़े-अबरू[8] से शहीद हुए और बारहा एक ठोकर से जी उठे। गोया ज़िन्दगी एक पैरहन था कि जब चाहा उतार दिया और जब चाहा पहन लिया। मैदाने-क़यामत में अक्सर गुज़र हुआ। बहिश्तो-दोज़ख़ की अक्सर सैर थी। बाद:नोशी पर आए तो ख़ुम[9] के ख़ुम लुंढा दिये और फिर भी सेर[10] न हुए। कभी ख़ान-ए-ख़ुमार की चौखट पर जबह: साई[11] की, कभी मयफ़रोश के दर पर गदाई की, कुफ्र से मानूस रहे, ईमान से बेज़ार रहे, पीरे-मुग़ां[12] के हाथ पर बैअत की, बिरहमनों के चेले बने, बुत पूजे, ज़ुन्नार[13] बाँधा, क़श्क़:[14] लगाया, ज़ाहिदों पर फब्तियाँ कहीं, वाइज़ों का ख़ाक:[15] उड़ाया, दैर[16] और बुतख़ाने की ताज़ीम की, काबा और मस्जिद की तौहीन की, ख़ुदा से शोख़ियाँ कीं, नबियों से गुस्ताख़ियाँ कीं, एजाज़े-मसीही[17] को एक खेल जाना, हुस्ने-यूसुफ़ी[18] को एक तमाशा समझा। ग़ज़ल कही तो पाक शुहदों की बोलियाँ बोलीं। क़सीदा लिखा तो भाट और बादख़्वानों[19] के मुँह फेर दिए। हर मुश्ते-ख़ाक[20] में अक्सीरे-आज़म[21] के ख़वास[22] बताए। हर चोबे-ख़ुश्क[23] में असा-ए-मूसवी[24] के करिश्मे दिखाए। हर नमूदे-वक़्त[25] को इब्राहीम ख़लील[26] से जा मिलाया। हर फ़िरऔन[27] बे सामान को क़ादिरे-मुतलक़[28] से जा भिड़ाया। जिसके मद्दाह[29] बने उसे ऐसा बाँस पर चढ़ाया कि ख़ुद ममदूह[30] को अपनी तारीफ़ में कुछ मज़ा न आया। ग़रज़, नाम:-ए-आमाल[31] ऐसा सियाह[32] किया कि कहीं सफ़ेदी बाक़ी न छोड़ी।

चूँ पुरसिशे गुनहम रोज़े-हश्र ख़्वाहद बूद
तमस्सुकाते गुनाहाने-ख़ल्क़ पार: कुनन्द

[जब क़यामत के दिन मेरे गुनाहों की पुरसिश[33] होगी तो मख़लूक़ के गुनाहों की दस्तावेज़ें फाड़ दी जाएँगी।]

---

1. रात का विलाप, 2. ब्रह्माण्ड का माप, 3. आँसुओं का उमड़ा हुआ दरिया, 4. देवताओं, 5. बाढ़, 6. चुम्बकीय भाव, 7. विद्युत की शक्ति, 8. भौंहों की तलवार, 9. घड़ा, 10 तृप्त, 11. माथा रगाड़ा, 12. शराबघर का वृद्ध, 13. जनेऊ, 14. तिलक, 15. मज़ाक़, 16. मन्दिर, 17. ईसा मसीह के चमत्कार, 18. जामी की प्रसिद्ध मसनवी के पात्र यूसुफ़ का सौन्दर्य, 19. चारण, 20. मुट्ठी भर धूल, 21. श्रेष्ठ गुण, 22. विशेषताएँ, 23. सूखी लकड़ी, 24. ह. मूसा की सुप्रसिद्ध लाठी, 25. समय की प्रकटता, 26. हज़रत इब्राहीम, 27. मिस्र का बादशाह, 28. अल्लाह, 29. प्रशंसक, 30. प्रशंसित व्यक्ति, 31. अपने व्यवहार का लेखा-जोखा, 32. कालिमायुक्त, 33. पूछताछ।

बीस बरस की उम्र से चालीसवें साल तक तेली के बैल की तरह इसी एक चक्कर में फिरते रहे और अपने नज़दीक सारा जहाँ तय कर चुके। जब आँखें खुलीं तो मालूम हुआ कि जहाँ से चले थे, अब तक वहीं हैं।

शिकस्ते-रंगे-शबाबो हनोज़ रा'नाई
दर आँ दयार के: ज़ादी हनोज़ आँजाई

[रंगे-शबाब चला गया और तुम अभी तक जवानी के ख़याल में मस्त हो। जिस जगह पैदा हुए थे अभी तक वहीं हो।]

निगाह उठाकर देखा तो दाएँ-बाएँ आगे-पीछे एक मैदाने-वसीअ[1] नज़र आया जिसमें बेशुमार राहें चारों तरफ़ खुली हुई थीं और ख़याल के लिए कहीं अर्स:[2] तंग न था। जी में आया कि क़दम आगे बढ़ाएँ और उस मैदान की सैर करें, मगर जो क़दम बीस बरस तक एक चाल से दूसरी चाल न चले हों और जिनकी दौड़ गज़ दो गज़ ज़मीन में महदूद रही हो उनसे उस वसीअ मैदान में काम लेना आसान न था। इसके सिवा बीस बरस की बेकार ओर निकम्मी गर्दिश में हाथ-पाँव चूर हो गए थे और ताक़ते-रफ़्तार जवाब दे चुकी थी। लेकिन पाँव में चक्कर था इसलिए नचला[3] बैठना भी दुश्वार था। चंद रोज़ इसी तरद्दुद[4] में ये हाल रहा कि एक क़दम आगे पड़ता था और दूसरा पीछे रहता था। नागाह[5] देखा कि एक ख़ुदा का बन्दा जो इस मैदान का मर्द है एक दुश्वार-गुज़ार[6] रस्ते में रहनवर्द[7] है। बहुत से लोग जो उसके साथ चले थे, थक कर पीछे रह गए हैं। बहुत से अभी उसके साथ उफ़तानो-ख़ेज़ाँ[8] चले जाते हैं। मगर होंठों पर पपड़ियाँ जमी हैं, पैरों में छाले पड़े हैं, दम चढ़ रहा है, चेहरे पर हवाइयाँ उड़ रही हैं; लेकिन वह अव्वलुल-अज़्म[9] आदमी जो उन सबका रहनुमा है उसी तरह ताज़ादम है। न उसे रस्ते की तकान है, न साथियों के छूट जाने की परवाह है, न मंज़िल की दूरी से कुछ हिरास[10] है। उसकी चितवन में ग़ज़ब का जादू भरा है कि जिसकी तरफ़ आँख उठाकर देखता है वो आँखें बन्द करके उसके साथ हो लेता है। उसकी एक निगाह इधर भी पड़ी और अपना काम कर गई। बीस बरस के थके-हारे ख़स्ता व कोफ्त:[11] उसी दुश्वार गुज़ार रास्ते पर पड़ लिए। न ये ख़बर है कहाँ जाते हैं, न ये मालूम है कि क्यों जाते हैं, न तलबे-सादिक़[12] है न क़दम रासिख़[13] है, न अज़्म[14] है न इस्तक़लाल[15], न सिद्क़ है न इख़लास[16] है; मगर एक ज़बर्दस्त हाथ है कि खैंचे लिए चला जाता है।

---

1. विस्तृत, 2. स्थान, 3. बिना चले, 4. असमंजस, 5. अचानक, 6. कठिनाई से युक्त, 7. चल रहा है, 8. गिरता-पड़ता, 9. संकल्प का पक्का, 10. भय, त्रास, 11. क्षत-विक्षत, 12. सत्य की तलब, 13. अटल, 14. संकल्प, 15. दृढ़ता, 16. लगाव, ख़ुलूस।

आँ दिल के: रम नमूदे अज़ ख़ूबरू जवानाँ
दैरीन: साल पीरे बुर्दश बयक निगाहे

[वह दिल कि ख़ूबसूरत जवानों पर भी माइल न हुआ था, उसे एक उम्रदराज़ शख़्स ने एक निगाह में अपनी तरफ़ खैंच लिया।]

ज़माने का नया ठाठ देखकर पुरानी शाइरी से दिल सेर[1] हो गया था और झूठे ढकोसले बाँधने से शर्म आने लगी थी। न यारों की उभारों से दिल बढ़ता था, न साथियों की रीस से कुछ जोश आता था। मगर ये एक नासूर का मुँह बन्द करना था जो किसी-न-किसी राह से तराविश[2] किए बग़ैर नहीं रह सकता। इसीलिए बुख़ाराते-दरुनी[3] जिनके रुकने से दम घुटा जाता था, दिलो-दिमाग़ में तलातुम[4] कर रहे थे और कोई रख़न:[5] ढूँढ़ते थे, क़ौम के एक सच्चे ख़ैरख़्वाह ने (जो अपनी क़ौम के सिवा तमाम मुल्क में इसी नाम से पुकारा जाता है और जिस तरह ख़ुद अपने पुरज़ोर हाथ और क़वी[6] बाज़ू से भाइयों की ख़िदमत कर रहा है उसी तरह हर अपाहिज और निकम्मे को इसी काम में लगाना चाहता है) आकर मलामत की और ग़ैरत दिलाई कि हैवाने-नातिक़[7] होने का दावा करना और ख़ुदा की दी हुई ज़बान से कुछ काम न लेना बड़े शर्म की बात है।

रू चू इंसाँ लब ब-ज़ुबां दर दहन
दर जमादी लाफ़े-इंसानी मज़न

[चलो जैसे इंसान होंठ हिलाते हुए चलते हैं। जमादात[8] में इंसानी डींग न मारो।]

क़ौम की हालत तबाह है। अज़ीज़ ज़लील हो गए हैं। शरीफ़ ख़ाक में मिल गए हैं। इल्म का ख़ात्मा हो चुका है। दीन का सिर्फ़ नाम बाक़ी है। अफ़लास[9] की घर-घर पुकार है। पेट की चारों तरफ़ दुहाई है। अख़लाक़ बिलकुल बिगड़ गए हैं और बिगड़ते जाते हैं। तअस्सुब की घनघोर घटा तमाम क़ौम पर छाई हुई है। रस्मो-रिवाज की बेड़ी एक-एक के पाँवों में पड़ी है। जहालत और तक़लीद[10] सबकी गर्दन पर सवार है। उमरा, जो क़ौम को बहुत कुछ फ़ायदा पहुँचा सकते हैं, ग़ाफ़िल और बेपरवाह हैं। उलमा, जिनको क़ौम की इस्लाह में बहुत बड़ा दख़ल है, ज़माने की ज़रूरतों और मसलहतों से नावाक़िफ़ हैं। ऐसे में जिनसे जो कुछ बन आए सो बेहतर है। वरना हम सब एक ही नाव में सवार हैं और सारी नाव की सलामती में हमारी सलामती है। हरचंद लोग बहुत कुछ लिख चुके हैं और लिख रहे हैं, मगर नज़्म जो कि बिलतबअ[11] सबको मरग़ूब[12] है और

1. तृप्त, 2. रंजिश, 3. आन्तरिक ताप, 4. हिलोरें, बाढ़, 5. दोष, 6. शक्ति, 7. बोलने वाला प्राणी, 8. जड़ वस्तुओं, 9. निर्धनता, 10. अनुकरण, 11. स्वभावानुसार, 12. प्रिय।

ख़ासकर अरब का तरक:[1] और मुसलमानों का मौरूसी हिस्सा है; क़ौम के बेदार करने के लिए अब तक किसी ने नहीं लिखी। अगरचे ज़ाहिर है कि और तदबीरों से क्या हुआ जो इस तदबीर से होगा। मगर ऐसी तंग हालतों में इंसान के दिल पर हमेशा दो तरह के ख़याल गुज़रते रहे हैं। एक ये है कि हम कुछ नहीं कर सकते, दूसरे ये कि हमको कुछ करना चाहिए। पहले ख़याल का ये नतीजा हुआ कि कुछ न हुआ और दूसरे ख़याल से दुनिया में बड़े बड़े अजायबात[2] ज़ाहिर हुए।

दरे फ़ैज़ अस्त मनशीं अज़ कुशायश नाउमीद ईं जा
बरंगे-दान: अज़ हर क़ुफ़्ल मी रोयद कलीद ईं जा

[यह दरे-करम है। यहाँ इसके खुलने से मायूस होकर मत बैठो। जैसे दाना उग आता है उसी तरह यहाँ हर ताले की कुंजी मिल जाती है।]

वहुवल्लज़ी युनज़्ज़िलुल ग़ैसा मिन
बा'दे माक़नतू वयनशुरु रहमतहु।

[और वो ऐसा ख़ुदा है कि जब लोग नाउम्मीद हो जाते हैं तो मेह बरसाता है और अपनी रहमत फैलाता है।]

हरचंद उस हुक्म की बजा-आवरी मुश्किल थी और ख़िदमत का बोझ उठाना दुश्वार था। मगर नासेह[3] की जादूभरी तक़रीर जी में घर कर गई। दिल से ही निकली थी, दिल में जाकर ठहरी। बरसों की बुझी हुई तबीअत में एक वलवला पैदा हुआ और बासी कढ़ी में एक उबाल आया। अफ़सुर्दा[4] दिल और बोसीद: दिमाग़ जो अमराज़[5] के मुतवातिर[6] हम्लों से किसी काम के न रहे थे, उन्हीं से काम लेना शुरू किया और एक 'मुसद्दस' की बुनियाद डाली। दुनिया के मकरूहात से फ़ुर्सत बहुत कम मिली और बीमारों के हुजूम से इत्मीनान कभी नसीब न हुआ। मगर हर हाल में यह धुन लगी रही। बारे अलहम्दुलिल्लाह कि बहुत सी दिक़्क़तों के बाद एक टूटी-फूटी नज़्म इस आजिज़ बन्दा की बिसात के मवाफ़िक़ तैयार हो गई और नासेह-मुश्फ़िक़[7] से शर्मिंदा न होना पड़ा। सिर्फ़ एक उम्मीद के सहारे पर ये राहे-दूरदराज़ तय की गई है, वरना मंज़िल का निशान न अब तक मिला है और न आइंदा मिलने की तवक़्क़ो है।

ख़बरम नीस्त के: मंज़िल गहे मक़सूद कुजा-अस्त
ईं क़दर हस्त के: बांगे-जरसे-मी आयद

[मुझे ख़बर नहीं कि मंज़िले-मक़सूद कहाँ है? हाँ इतना ज़रूर है कि किसी घंटी की आवाज़ आ रही है।]

1. तरीक़ा, 2. अजीब-अजीब चीज़ें, 3. उपदेशक, 4. दुखी, 5. रोग, 6. लगातार, 7. कृपालु उपदेशकर्ता।

इस 'मुसद्दस' के आग़ाज़ में पाँच-सात बन्द तम्हीद के लिख कर अव्वले-अरब की उस अबतर[1] हालत का ख़ाका खींचा गया है जो ज़हूरे-इस्लाम से पहले थी और जिसका नाम इस्लाम की ज़बान में जाहिलियत रखा गया है। फिर कौकबे-इस्लाम[2] का तुलूअ[3] होना नबी-ए-उम्मी[4] की तालीम से उस रेगिस्तान का दफ़अतन सरसब्ज़ व शादाब होना और उस अब्रे-रहमत[5] का उम्मत की खेती को रिहलत[6] के वक़्त हरा-भरा छोड़ जाना और मुसलमानों का दीनी व दीनवी तरक़्क़ियात[7] में तमाम आलम पर सबक़त[8] ले जाना बयान किया है। इसके बाद उनके तनज़्ज़ुल[9] का हाल लिखा है और क़ौम के लिए अपने बेहुनर हाथों से एक आईनाख़ान: बनाया है, जिसमें आकर वो अपने ख़तो-ख़ाल[10] देख सकते हैं कि हम कौन थे और क्या हो गए। अगरचे इस जाँकाह[11] नज़्म में (जिसकी दुश्वारियाँ लिखने वाले का दिल और दिमाग़ ख़ूब जानता है) बयान का हक़ न मुझसे अदा हुआ है और न हो सकता है। मगर शुक्र है, जिस क़दर हो गया उतनी भी उम्मीद न थी। हमारे मुल्क के अह्ले-मज़ाक़[12] ज़ाहिरा इस रूखी-फीकी, सीधी-सादी नज़्म को पसंद न करेंगे; क्योंकि इसमें तारीख़ी वाक़ेयात हैं या यन्द आयतों और हदीसों का तर्जुमा है या जो आजकल क़ौम की हालत है उसका सही-सही नक़्शा खींचा गया है। न कहीं नाज़ुकख़याली[13] है न रंगीन बयानी, न मुबालग़ा[14] की चाट है न तकल्लुफ़ की चाशनी है। ग़रज़ कोई बात ऐसी नहीं है जिससे अहले-वतन के कान मानूस[15] और मज़ाक़-आशना[16] हों। और कोई करिश्मा ऐसा नहीं है कि ला ऐनु रअत वला उज़ुनु समिअत व लाख़तर अली क़ल्बे-बशर (न किसी आँख ने देखा, न किसी कान ने सुना, न किसी बशर के दिल में गुज़रा)।

गोया अहले-देहली व लखनऊ की दावत में ऐसा दस्तरख़्वान चुना गया है जिसमें उबाली खिचड़ी और बेमिर्च सालन के सिवा कुछ नहीं। मगर इस नज़्म की तरतीब मज़े लेने और वाह-वाह सुनने के लिए नहीं की गई, बल्कि अज़ीज़ों और दोस्तों को ग़ैरत और शर्म दिलाने के लिए की गई है। अगर देखें और पढ़ें और समझें तो उनका एहसान है वरना कुछ शिकायत नहीं।

हाफ़िज़ वज़ीफ़:-ए-तू दुआ गुफ़्तन अस्त व बस
दर बन्द आँ मुबाश के: नशनीद या शुनीद

[हाफ़िज़! तुम्हारा काम दुआ करना है और बस। उलझन में मत पड़ो, कि दुआ सुनी गई या नहीं।]

---

1. पतनशील, 2. इस्लामी नक्षत्र, 3. उदय, 4. ह. मुहम्मद, 5. कृपा रूपी बादल, 6. गमन, 7. सांसारिक उन्नति, 8. आगे निकल जाना, 9. पतनशीलता, 10. संरचना, 11. जान लगा देने वाली, 12. सुरुचि सम्पन्न, 13. कोमल भाव, 14. अतिशयोक्ति, 15. परिचित, 16. सुरुचिपूर्ण।

दीबाच: - 2

[1303 हिजरी अर्थात सन् 1886]

हदीसे-दर्द दिलावेज़ दास्ताने अस्त।
कि ज़ौक़े-बेश दहद चूं दराज़तर गरदद॥

(दर्द की बात एक दिलचस्प दास्तान है। जितनी ज़्यादा लम्बी होती है उतना ही मज़ा ज़्यादा आता है।)

मुसद्दस मद्द-ओ-जज़्र-ए-इस्लाम अव्वल 1296 हिजरी में छपकर शाया हुआ था। अगरचे इस नज़्म की इशाअत[1] से शायद कोई मोअतदब:[2] फ़ायदा सोसाइटी को नहीं पहुँचा मगर छह बरस में जिस क़दर क़बूलियत व शोहरत इस नज़्म को अतराफ़े-हिन्दुस्तान में हुई वह फ़िलवाक़अ[3] तअज्जुब-अंगेज़ है। नज़्म बिलकुल ग़ैर मानूस[4] थी और मज़मून अक्सर ता'नो-मलामत[5] पर मुश्तमिल[6] थे। क़ौम की बुराइयाँ चुन-चुन कर ज़ाहिर की गई थीं और ज़बान से तेग़ो-सनाँ[7] का काम लिया गया था। नाज़िम[8] की निस्बत क़ौम के अक्सर अबरारो-अख़ियार[9] मज़हबी सूये-ज़न[10] रखते थे। तअस्सुब अमूमन कल्म:-ए-हक़ सुनने से मानअ था। बा ईं हम:[11] इस थोड़ी सी मुद्दत में यह नज़्म मुल्क के अतराफ़ो-जवानिब[12] में फैल गई।

हिन्दोस्तान के मुख़्तलिफ़ अज़लाअ[13] में इसके सात-आठ एडीशन अब से पहले शाया हो चुके हैं। बाज़ क़ौमी मदरसों में इसका इंतख़ाब[14] बच्चों को पढ़ाया जाता है। मौलूद शरीफ़[15] की मजलिसों में जा-ब-जा इसके बन्द पढ़े जाते हैं। अक्सर लोग इसको पढ़कर बेइख़्तियार रोते और आँसू बहाते हैं। इसके बहुत से बन्द हमारे वाइज़ों की ज़बान पर जारी हैं। कहीं-कहीं क़ौमी नाटक में इसके मज़ामीन के एक्ट किए जाते हैं। बहुत से 'मुसद्दस' इसी की रविश[16] पर इसी बह्र में तरतीब दिए गए हैं। अक्सर अख़बारों में मुआफ़िक़ व मुख़ातिब[17] रिव्यू इस पर लिखे गए हैं। शुमाल मग़्रबी अज़लाअ[18] के सरकारी मदारिस में आम क़बूलियत की वजह से इसको तालीम में दाख़िल कर दिया गया है। ये और इसी क़िस्म की और बहुत सी

1. प्रकाशन, 2. गिनवाने योग्य, 3. फ़िलहाल, 4. अपरिचित, 5. ताने और निन्दा, 6. आधारित, 7. तलवार एवं तीर, 8. नज़्म लिखने वाला, 9. भलाई करने वाले, 10. कुधारणा, 11. तो भी, 12. आसपास के इलाक़ों, 13. ज़िलों, 14. संचयन, 15. हज़रत मुहम्मद साहब की जन्म-कथा, 16. शैली, 17. उपयुक्त, 18. उत्तर-पश्चिमी जिलों।

बातें ऐसी हैं जिनसे मालूम होता है कि क़ौम ने इसकी तरफ़ काफ़ी तवज्ज: की है। मगर इस पर मुसन्निफ़ को कुछ फ़ख्र करने का महल[1] नहीं है। अगर क़ौम के दिल में मुतास्सिर होने का माद्दा न होता तो यह और ऐसी हज़ार नज़्में बेकार थीं। पस मुसन्निफ़ को अगर फ़ख्र है तो सिर्फ़ इस बात पर है कि इसने ज़मीने-शूर[2] में तुख़्मरेज़ी[3] नहीं की और पत्थर में जोंक[4] लगानी नहीं चाही। इसने एक ऐसी जमाअत को मुख़ातिब गरदाना[5] है जो बेराह है, पर गुमराह नहीं है। वो रस्ते से भटके हुए हैं, मगर रस्ते की तलाश में चपो-रास्त[6] निगरां हैं। उनके हुनर सूद हो गए हैं, मगर क़ाबिलियत मौजूद है। उनकी सूरत बदल गई है, मगर हेवला[7] बाक़ी है। उनके क़बा[8] मुज़महिल हो गए, मगर ज़ाइल नहीं हुए। उनके जौहर मिट गए हैं, मगर जिला[9] से फिर नमूदार हो सकते हैं। उनके ऐबों में ख़ूबियाँ भी हैं, मगर छुपी हुई। उनके ख़ाकस्तर[10] में चिनगारियाँ भी हैं, मगर दबी हुई।

यह नज़्म जिसमें क़ौम की गुज़िश्ता और मौजूदा हालत का सही-सही नक़्शा खींचना, मद्देनज़र था। अगरचे मशरिक़ की आम नज़्मों की बनिस्बत मुबालग़ा से ख़ाली थी, लेकिन फ़र्दे-गुज़ाश्त[11] से ख़ाली न थी। दोस्त की निगाह नुक्ताचीनी और ख़ुर्द:गीरी[12] में वही काम करती है जो दुश्मन की निगाह करती है। मगर दुश्मन इस ग़रज़ से कि ऐब ज़ाहिर हों और ख़ूबियाँ मख़्फ़ी[13] रहें और दोस्त इस ख़ौफ़ से कि मबादा ख़ूबियों का ग़ुरूर ऐबों की इस्लाह से बाज़ रखे। मुसन्निफ़ भी जो कि दोस्ती का दम भरता है, शायद मुहब्बत और दिलसोज़ी[14] ही से क़ौम की ऐबजूई[15] पर मजबूर हुआ और हुनरगस्तरी[16] से माज़ूर[17] रहा। मगर यह अस्लूब जिस क़दर ग़ैरत दिलाने वाला था उसी क़दर मायूस करने वाला भी था। मुसन्निफ़ के दिल की आग भड़क-भड़क कर बुझ गई थी और उसकी अफ़सुर्दगी[18] अल्फ़ाज़ में सरायत[19] कर गई थी। नज़्म का ख़ात्मा ऐसे दिलशिकन अशआर पर हुआ जिनसे तमाम उम्मीदें मुन्क़ता[20] हो गईं और तमाम कोशिशें रायगां नज़र आने लगीं। शायद इस ख़राबी का तदारुक[21] कुछ न हो सकता अगर क़ौम की तवज्ज: मुसन्निफ़ के दिल में एक नई तहरीक पैदा न करती और क़ौम को एक नये ख़िताब का मुस्तहक़ न ठहराती। गो क़ौम नहीं बदली, मगर उसके तेवर बदलते जाते हैं। पस[22] अगर तहसीन[23] का वक़्त नहीं आया तो नफ़रें[24] ज़रूर कम होनी चाहिए। बाज़ अहबाब की तहरीक ने इन ख़यालात की ताईद की और एक ज़मीम:[25] मुक़तज़ा-ए-हाल[26] के मुवाफ़िक़ 'मुसद्दस' के आख़िर में लाहक़ किया गया। ज़मीम: को तूल देना मुसन्निफ़ का मक़सूद[27] न था, लेकिन इस मज़मून को छेड़ कर तूल[28] से बचना ऐसा ही मुश्किल था जैसे समन्दर में कूद कर हाथ-पाँव न मारना।

---

1. मौक़ा, 2. बंजर ज़मीन, 3. बीज बोना, 4. छेद करना, 5. किया, 6. बाएँ-दाएँ, 7. हृदय बल, 8. वस्त्र, 9. आभा, 10. धूल, 11. आत्मदर्शिता, 12. दोष-दर्शन, 13. रिक्त, 14. दिल जलाने, 15. ऐब दिखाने, 16. कलात्मकता, 17. अशक्त, 18. दुखी, 19. प्रविष्ट, 20. समाप्त, 21. प्रतिरोध, 22. अत:, 23. प्रशंसा, 24. घृणा, 25. परिशिष्ट, 26. वर्तमान स्थिति का तक़ाज़ा, 27. उद्देश्य, 28. विस्तार।

क़दीम 'मुसद्दस' में जस्त: जस्त:[1] तसर्रुफ़ किया गया है। शायद बा'ज़ तसर्रुफ़ात को नाज़रीन इस वजह से कि क़दीम अस्लूब[2] मानूस हो गया था, पसंद न करें। मगर मुसन्निफ़ का फ़र्ज़ था कि दोस्तों की ज़ियाफ़त[3] में कोई ऐसी चीज़ पेश न करे जो ख़ुद उसके मज़ाक़ में नागवार मालूम हो। नज़्म न पहले पसन्द के क़ाबिल थी और न अब है, मगर अलहमदुलिल्लाह कि दर्द और सच पहले भी था और अब भी है। उम्मीद है कि दर्द फैलेगा और सच चमकेगा।

—हाली

---

1. कहीं-कहीं, 2. पुरानी शैली, 3. आतिथ्य, सेवा।

मुसद्दस

दो बातें नामानूस[1] हैं उन्हें बरदाश्त करो।*

हिकमत की बात जो नादान के मुँह से निकले उसे मान लो और नादानी की बात जो दाना[2] के मुँह से निकले उससे दरगुज़र कर लो।**

---

*, ** ये दोनों वाक्य मूल पुस्तक में अरबी भाषा में हैं।

1. अपरिचित, 2. समझदार।

रुबाई

पस्ती का जो हद से गुज़रना देखे
इस्लाम का गिर कर न उभरना देखे
माने न कभी कि मद्[1] है हर जज़्रे[2] के बाद
दरिया का हमारे जो उतरना देखे।

---

3. उत्थान, ज्वार, 4. पतन, भाटा।
(यहाँ तात्पर्य इस्लाम के उत्थान और पतन से है जो इस 'मुसद्दस' का विषय है।)

किसी ने ये बुक़रात[1] से जाके पूछा
मरज़ तेरे नज़दीक मुहलिक[2] हैं क्या-क्या
कहा दुख जहाँ में नहीं कोई ऐसा
कि जिसकी दवा हक़[3] ने की हो न पैदा
मगर वो मरज़ जिसको आसान समझें
कहे जो तबीब[4] उसको हज़यान[5] समझें
सबब या अलामत गर उनको सुझाएँ
तो तशख़ीस[6] में सौ निकालें ख़ताएँ
दवा और परहेज़ से जी चुराएँ
युँ ही रफ़्ता-रफ़्ता मरज़ को बढ़ाएँ
तबीबों से हरगिज़ न मानूस हों वो
यहाँ तक कि जीने से मायूस हों वो

मुसलमानों की मौजूदा हालत

यही हाल दुनिया में उस क़ौम का है
भँवर में जहाज़ आके जिसका घिरा है
किनारा है दूर और तूफ़ाँ बरपा[7] है
गुमाँ है ये हरदम कि अब डूबता है
नहीं लेते करवट मगर अह्ले-कश्ती[8]
पड़े सोते हैं बेख़बर अह्ले-कश्ती
घटा सर पे अदबार[9] की छा रही है
फ़लाकत[10] समाँ अपना दिखला रही है

---

1. सिकन्दर महान से लगभग सौ साल पहले का मशहूर यूनानी दार्शनिक और हकीम, 2. असाध्य, 3. अल्लाह, 4. चिकित्सक, 5. बकवास, 6. रोगोपचार, 7. उमड़ा हुआ, 8. जहाज़ वाले, 9. गिरावट, 10. तबाही।

नहूसत पसोपेश[1] मंडला रही है
चपो-रास्त[2] से ये सदा आ रही है
कि कल कौन थे आज क्या हो गए तुम
अभी जागते थे अभी सो गए तुम
पर उस क़ौमे-ग़ाफ़िल की ग़फ़लत वही है
तनज़्ज़ुल[3] पे अपने क़नाअत[4] वही है
मिले ख़ाक में पर रऊनत[5] वही है
हुई सुब्ह और ख़्वाबे-राहत[6] वही है
न अफ़सोस उन्हें अपनी ज़िल्लत पे है कुछ
न रश्क और क़ौमों की इज़्ज़त पे है कुछ
बहायम[7] की और उनकी हालत है यकसाँ
कि जिस हाल में हैं उसी में हैं शादाँ
न ज़िल्लत से नफ़रत न इज़्ज़त का अरमाँ
न दोज़ख़ से तरसाँ[8] न जन्नत के ख़्वाहाँ
लिया अक़्लो-दीं से न कुछ काम उन्होंने
किया दीने-बरहक़[9] को बदनाम उन्होंने
वो दीं जिसने आदा[10] को अख़्वाँ[11] बनाया
वहूश[12] और बहायम[13] को इंसाँ बनाया
दरिन्दों को ग़मख़्वारे-दौराँ[14] बनाया
गड़रियों[15] को आलम का सुल्ताँ बनाया
वो ख़ित्ता जो था एक ढोरों का गल्ला[16]
गराँ कर दिया उसका आलम से पल्ला

ज़मान:-ए-जाहिलियत*

अरब जिसका चर्चा है ये कुछ वो क्या था
जहाँ से अलग इक जज़ीरानुमा था
ज़माने से पैवन्द जिसका जुदा था
न किश्वरसिताँ[17] था न किश्वरकुशा[18] था
तमद्दुन[19] का उस पर पड़ा था न साया
तरक़्क़ी का था वाँ क़दम तक न आया

---

1. पीछे और आगे, 2. बाएँ और दाएँ, 3. पतन, 4. सन्तोष, 5. घमंड, 6. शान्ति की नींद, 7. जानवरों, 8. भय, 9. सद् धर्म, 10. शत्रुओं, 11. भाई, 12. दरिन्दों, 13. जानवरों, 14. समय का दुख दूर करने वाले, 15. अरब के अधिकांश तो गड़रिये थे—अनु., 16. रेवड़, 17. सशक्त राज्य, 18. विजयी, 19. संस्कृति।
* अन्धकार युग।

न आबो-हवा ऐसी थी रूह परवर
कि क़ाबिल ही पैदा हों ख़ुद जिससे जौहर
न कुछ ऐसे सामान थे वाँ मयस्सर
कँवल जिससे खिल जाएँ दिल के सरासर
न सब्ज़ा था सहरा में पैदा न पानी
फ़क़त आबे-बाराँ[1] पे थी ज़िन्दगानी

ज़मीं संगलाख़[2] और हवा आतिश-अफ़शाँ[3]
लवों की लपट बादे-सरसर के तूफ़ाँ
पहाड़ और टीले, सराब[4] और बयाबाँ
खजूरों के झुंड और ख़ारे-मुग़ीलाँ[5]
न खत्तों में ग़ल्ला न जंगल में खेती
अरब और कुल कायनात उसकी ये थी

न वाँ मिस्र की रौशनी जलवागर थी
न यूनान के इल्मो-फ़न की ख़बर थी
वही अपनी फ़ितरत पे तबए-बशर थी
ख़ुदा की ज़मीं बिन जुती सरबसर थी
पहाड़ और सहरा में डेरा था सबका
तले आसमाँ के बसेरा था सबका

कहीं आग पुजती थी वाँ बेमुहाबा[6]
कहीं था कवाकिब-परस्ती[7] का चर्चा
बहुत-से थे तसलीस[8] पर दिल से शैदा
बुतों का अमल सू-ब-सू जा-ब-जा था
करिश्मों का राहिब[9] के था सैद[10] कोई
तिलिस्मों में काहिन[11] के था क़ैद कोई

वो दुनिया में घर सबसे पहले ख़ुदा का
ख़लील एक मेमार[12] था जिस बिना[13] का
अज़ल[14] में मशीयत[15] ने था जिसको ताका
कि उस घर में उबलेगा चश्मा हुदा[16] था
वो तीरथ था इक बुतपरस्तों का गोया
जहाँ नामे-हक़ का न था कोई जोया[17]

---

1. बारिश का पानी, 2. पथरीली, 3. आग उगलने वाली, 4. मरीचिका, 5. बबूल के काँटे, 6. बेधड़क, 7. नक्षत्र-पूजा, 8. ईसाई धर्मानुसार त्रिमूर्ति, 9. ईसाई संन्यासी, 10. शिकार, 11. रहस्य की बातें बताने का दावेदार, 12. निर्माता, 13. आधार, 14. अनादि, 15. ईश्वरेच्छा, 16. सच्चा रास्ता, 17. खोजने वाला।

क़बीले क़बीले का बुत इक जुदा था
किसी का 'हुबल' था किसी का 'सफ़ा' था
ये 'उज़्ज़ा' पे वो 'नायला' पर फ़िदा था
इसी तर्ह घर-घर नया इक ख़ुदा था
निहाँ अब्रे-ज़ुल्मत[1] में था मेह्रे-अनवर[2]
अँधेरा था फ़ारान की चोटियों पर

चलन उनके जितने थे सब वहशियाना
हर इक लूट और मार में थे यगाना
फ़सादों में कटता था उनका ज़माना
न था कोई क़ानून का ताज़ियाना[3]
वो थे क़त्लो-ग़ारत में चालाक ऐसे
दरिन्दे हों जंगल में बेबाक जैसे

न टलते थे हरगिज़ जो अड़ बैठते थे
सुलझते न थे जब झगड़ बैठते थे
जो दो शख़्स आपस में लड़ बैठते थे
तो सदहा[4] क़बीले बिगड़ बैठते थे
बलन्द एक होता था गर वाँ शरारा
तो उससे भड़क उठता था मुल्क सारा

वो 'बक्र' और 'तग़लब' की बाहम लड़ाई
सदी जिसमें आधी उन्होंने गँवाई
क़बीलों की कर दी थी जिसने सफ़ाई
थी इक आग हर सू अरब में लगाई
न झगड़ा कोई मुल्को-दौलत का था वो
करिश्मा इक उनकी जहालत का था वो

इसी तरह इक और ख़ूँरेज़ बैदा[5]
अरव में लक़ब[6] 'हर्बे-वाहिस'[7] है जिसका
रहा एक मुद्दत तक आपस में बरपा
बहा ख़ून का हर तरफ़ जिसमें दरिया
सबब उसका लिक्खा है ये अस्मई[8] ने
कि घुड़दौड़ में चींद[9] की थी किसी ने

1. अन्धकार का बादल, 2. प्रकाशमान सूर्य, 3. कोड़ा, 4. सैकड़ों, 5. संग्राम, 6. उपाधि, दिया गया नाम, 7. हर्बे-वाहिस की जंग, घुड़दौड़ में एक शख़्स के आगे बढ़ने वाले घोड़े को भड़का देने से शुरू हुई और पचास साल तक चलती रही। बहुत से क़बीले कट गए—हाली, 8. अन्धकारयुगीन अरब की अधिकांश घटनाओं और कहानियों का वर्णनकर्ता, 9. छेड़खानी।

* दूसरी, तीसरी पंक्ति में '—' वाले शब्द देवताओं के नाम हैं और उन्नीसवीं और छब्बीसवीं पंक्ति वाले शब्द क़बीलों के।

कहीं था मवेशी चराने पे झगड़ा
कहीं पहले घोड़ा बढ़ाने पे झगड़ा
लबे-जू[1] कहीं आने जाने पे झगड़ा
कहीं पानी पीने पिलाने पे झगड़ा
यूँ ही रोज़ होती थी तकरार उनमें
यूँ ही चलती रहती थी तलवार उनमें

जो होती थी पैदा किसी घर में दुख़्तर[2]
तो ख़ैफ़े-शमातत[3] से बेरहम मादर[4]
फिरे देखती जब थी शौहर के तेवर
कहीं ज़िन्दा गाड़ आती थी उसको जाकर
वो गोद ऐसी नफ़रत से करती थी ख़ाली
जने साँप जैसे कोई जनने वाली

जुआ उनकी दिन-रात की दिल्लगी थी
शराब उनकी घुट्टी में गोया पड़ी थी
तअय्युश[5] था, ग़फ़लत थी, दीवानगी थी
ग़रज हर तरह उनकी हालत बुरी थी
बहुत इस तरह उनको गुज़री थीं सदियाँ
कि छाई हुई नेकियों पर थीं बदियाँ

विलादत, रहमतुल-आलेमीन*

यकायक हुई ग़ैरते-हक़[6] को हरकत
बढ़ा जानिबे-बूक़बीस[7] अब्रे-रहमत[8]
अदा ख़ाके-बुतहा[9] ने की वो वदीअत[10]
चले आते थे जिसकी देते शहादत[11]
हुई पहलुए-आमिना[12] से हुवैदा[13]
दुआए-ख़लील और नवीदे-मसीहा[14]

1. जलाशय के तट पर, 2. बेटी, 3. जगहँसाई का भय, 4. माँ, 5. भोग-विलास, 6. अल्लाह की ग़ैरत, 7. बूक़बीस = मक्का की एक पहाड़ी का नाम, 8. कृपा का बादल, 9. कंकरियों की सरजमीं (मक्का), 10. अमानत, 11. गवाही, 12. आमिना (आम्न:) = ह. मुहम्मद साहब की माँ का नाम, 13. प्रकट, 14. ख़लील अर्थात् हज़रत इब्राहीम ने हज़रत मुहम्मद के प्रकट होने की दुआ की थी और हज़रत ईसा ने इसकी ख़ुशख़बरी दी थी।

* सारी दुनिया पर कृपा करने वाले अर्थात् हज़रत मुहम्मद साहब का जन्म।

हुए मह्व[1] आलम से आसारे-ज़ुल्मत[2]
कि तालेअ[3] हुआ माहे-बुर्जे-सआदत[4]
न छिटकी मगर चाँदनी एक मुद्दत
कि था अब्र में माहताबे-रिसालत[5]
पै चालीसवें साल लुत्फ़े-ख़ुदा से
किया चाँद ने खेत[6] ग़ारे-हिरा[7] से

बेसते-ख़ातेमुल नबीयीन*

वो नबियों में रहमतुल-लक़ब[8] पाने वाला
मुरादें ग़रीबों की बर लाने वाला
मुसीबत में ग़ैरों के काम आने वाला
वो अपने-पराए का ग़म खाने वाला
फ़क़ीरों का मल्जा[9], ज़ईफ़ों का मावा[10]
यतीमों का वाली[11], ग़ुलामों का मौला[12]
ख़ताकार से दरगुज़र करने वाला
बद-अन्देश के दिल में घर करने वाला
मफ़ासिद[13] का ज़ेरो-ज़बर[14] करने वाला
क़बाइल को शीरो-शकर[15] करने वाला
उतर कर हिरा से सुए-क़ौम[16] आया
और इक नुस्ख़ः-ए-कीमिया[17] साथ लाया
मसे-ख़ाम[18] को जिसने कुंदन बनाया
खरा और खोटा अलग कर दिखाया
अरब जिस पे क़रनों[19] से था जह्ल[20] छाया
पलट दी बस इक आन में उसकी काया
रहा डर न बेड़े को मौजे-बला[21] का
इधर से उधर फिर गया रुख़ हवा का

---

1. मिट गए, 2. अन्धकार के लक्षण, 3. उदित, 4. सौभाग्य का चन्द्रमा, 5. ईशदूतों का चन्द्रमा, 6 उदय, 7. ग़ारे-हिरा = मक्का की एक गुफा, जहाँ हज़रत मुहम्मद साहब ने चालीस दिनों तक साधना की थी और वहीं उन्हें पहली ईश्वरीय वाणी सुनाई पड़ी थी, 8. 'रहमत' की उपाधि, 9. शरणस्थल, 10. ठिकाना, 11. मित्र, 12. स्वामी, 13. बुराइयों, लड़ाई-झगड़ों, 14. ऊँच-नीच, फ़ैसला, 15. दूध और शक्कर अर्थात् एकजुट, 16. सू-ए-क़ौम = क़ौम की तरफ़, 17. मिट्टी से सोना बनाने का नुस्ख़ा, 18. कच्चा ताँबा, 19. सदियों, 20. अज्ञान, 21. बलाओं की लहर।

* ईशदूतों का आना, जिसके बाद ख़त्म हो गया; अर्थात् हज़रत मुहम्मद साहब की साधनापूर्ति।

पड़ी कान में धात[1] थी इक निकम्मी
न कुछ क़द्र थी और न क़ीमत थी जिसकी
तबीअत में जो उसके जौहर[2] थे असली
हुए सब थे मिट्टी में मिल कर वो मिट्टी
पै था सब्त[3] इल्मे-क़ज़ा-ओ-क़दर[4] में
कि बन जाएगी वो तिला[5] इक नज़र में

वो फ़ख़्रे-अरब, ज़ेबे-मिहराबो-मिम्बर[6]
तमाम अह्ले-मक्का को हमराह लेकर
गया एक दिन हस्ब फ़रमाने-दावर[7]
सुए-दश्त और चढ़ के कोहे-सफ़ा[8] पर
ये फ़रमाया सबसे कि ऐ आले-ग़ालिब[9]
समझतेहो तुम मुझको सादिक़[10] कि काज़िब[11]

रिसालत की पहली तब्लीग़*

कहा सबने, "क़ौल आज तक कोई तेरा
कभी हमने झूठा सुना और न देखा"
कहा, "गर समझते हो तुम मुझको ऐसा
तो बावर[12] करोगे अगर मैं कहूँगा
कि फ़ौजे-गराँ[13] पुश्ते-कोहे-सफ़ा[14] पर
पड़ी है कि लूटे तुम्हें घात पा कर"

कहा, "तेरी हर बात का याँ यक़ीं है
कि बचपन से सादिक़ है तू और अमीं[15] है"
कहा, "गर मेरी बात ये दिलनशीं है
तो सुन लो ख़िलाफ़ इसमें अस्ला[16] नहीं है
कि सब क़ाफिला याँ से है जाने वाला
डरो उससे जो वक़्त है आने वाला"

---

1. धातु, 2. मणि, 3. दृढ़ता, 4. क़यामत के दिन का ज्ञान, 5. सोना, 6. सर्वोच्च स्थान पर शोभायमान, 7. अल्लाह के आदेशानुसार, 8. 'सफ़ा' नामक पहाड़ी, 9. श्रेष्ठकुल अर्थात् 'क़ुरैश' की संतान, 10. सच्चा, 11. झूठा, 12. विश्वास, 13. भारी फ़ौज, 14. 'सफ़ा' नामक पहाड़ी के पीछे, अर्थात् मक्का में, 15. सत्यनिष्ठ, 16. वास्तविकता।

* अल्लाह का रसूल घोषित होने पर पहला प्रचार।

वो बिजली का कड़का था या सौते-हादी[1]
अरब की ज़मीं जिसने सारी हिला दी
नई इक लगन दिल में सबके लगा दी
इक आवाज़ में सोती बस्ती जगा दी
पड़ा हर तरफ़ ग़ुल[2] ये पैग़ामे-हक़ से
कि गूँज उट्ठे दश्तो-जबल[3] नामे-हक़ से
सबक़ फिर शरीअत[4] का उनको पढ़ाया
हक़ीक़त का गुर उनको इक-इक बताया
ज़माने के बिगड़े हुओं को बनाया
बहुत दिन के सोते हुओं को जगाया
खुले थे न जो राज़ अब तक जहाँ पर
वो दिखला दिये एक पर्दा उठा कर
किसी को अज़ल का न था याद पैमाँ[5]
भुलाये थे बन्दों ने मालिक के फ़रमाँ
ज़माने में था दौरे-सहबा-ए-बुतलाँ[6]
मये-हक़ से महरम[7] न थी बज़्मे-दौराँ
अछूता था तौहीद[8] का जाम अब तक
ख़ुमे-मा 'रिफ़त[9] का था मुँह ख़ाम[10] अब तक
न वाक़िफ़ थे इंसाँ क़ज़ा और जज़ा[11] से
न आगाह थे मुब्तिदो-मुंतिहा[12] से
लगाई थी इक इक ने लौ मासिवा[13] से
पड़े थे बहुत दूर बन्दे ख़ुदा से
ये सुनते ही थर्रा गया गल्ला[14] सारा
ये राई[15] ने ललकार कर जब पुकारा

तौहीद* की तालीम

कि है ज़ाते-वाहिद[16] इबादत के लायक़
ज़बान और दिल की शहादत[17] के लायक़

---

1. हिदायत देने वाले की आवाज़, 2. शोर, 3. रेगिस्तान और पहाड़, 4. संहिता, 5. अज़ल का पैमां = यानी जब अल्लाह तआला ने तमाम बन्दों की रूहों से कहा था कि क्या मैं तुम्हारा रब नहीं हूँ? और रूहों ने जवाब दिया था, क्यों नहीं! 6. ज़लालत और गुमराही की शराब का दौर, 7. आत्मीय, 8. एकेश्वर, 9. आध्यात्मिक ज्ञान का प्याला, 10. बन्द (ख़ाम शब्द के अनेक नकारात्मक अर्थ हैं), 11. क़यामत के दिन का फ़ैसला और बदला, 12. आग़ाज़ और अंजाम, 13. अल्लाह के अलावा दूसरों से, 14. रेवड़, 15. चरवाहा, 16. एकमात्र ईश्वर, 17. गवाही।

* एकेश्वरवाद।

उसी के हैं फ़रमां इताअत[1] के लायक़
उसी की है सरकार ख़िदमत के लायक़
लगाओ तो लौ उससे अपनी लगाओ
झुकाओ तो सर उसके आगे झुकाओ
उसी पर हमेशा भरोसा करो तुम
उसी के सदा इश्क़ का दम भरो तुम
उसी के ग़ज़ब से डरो गर डरो तुम
उसी की तलब में मरो जब मरो तुम
मुबर्रा[2] है शिरकत से उसकी ख़ुदाई
नहीं उसके आगे किसी को बड़ाई
ख़िरद[3] और इदराक[4] रंजूर हैं वाँ
महो-मेह्र[5] अदना-से मज़दूर हैं वाँ
जहांदार[6] मग़लूबो-मक़हूर[7] हैं वाँ
नबी और सिद्दीक़ मजबूर हैं वाँ
न पुरसिश है रहबानो-अहबार[8] की वाँ
न परवा है अबरारो-अहरार[9] की वाँ
तुम औरों की मानिन्द धोखा न खाना
किसी को ख़ुदा का न बेटा बनाना*
मेरी हद से रुतबा न मेरा बढ़ाना
बढ़ा कर बहुत तुम न मुझको घटाना
सब इंसाँ हैं वाँ जिस तरह सर-फ़गंदा[10]
उसी तरह हूँ मैं भी इक उसका बन्दा
बनाना न तुर्बत को मेरी सनम[11] तुम
न करना मेरी क़ब्र पर सर को ख़म[12] तुम
नहीं बन्दा होने में कुछ मुझसे कम तुम
कि बेचारगी में बराबर हैं हम-तुम
मुझे दी है हक़ ने बस इतनी बुज़ुर्गी[13]
कि बन्दा भी हूँ उसका और एलची[14] भी

1. पालन, 2. पाक, साफ़ (रहित), 3. बुद्धि, 4. कल्पना, 5. चाँद और सूरज, 6. बादशाह, हाकिम, 7. पराजित और विनष्ट, 8. ईसाइयों और यहूदियों के नेतृत्वकर्ता, 9. नेक और आज़ाद लोगों, 10. सर झुकाए हुए, 11. पूजा की मूर्ति, 12. झुकाना, 13. श्रेष्ठता, 14. पथ प्रदर्शक।
* अर्थात् ईसाइयों के मार्ग पर मत चलना। ईसाई मत में हज़रत ईसा को ख़ुदा का बेटा कहा गया है।

इसी तरह दिल उनका एक इक से तोड़ा
हर इक क़िब्लए-कज[1] से मुँह उनका मोड़ा
कहीं मासिवा का इलाक़ा न छोड़ा
ख़ुदावन्द से रिश्ता बन्दों का जोड़ा
कभी के जो फिरते थे मालिक से भागे
दिए सर झुका उनके मालिक के आगे

समाज-व्यवहार की शिक्षा

पता अस्ल मक़सूद का पा गया जब
निशाँ गंजे-दौलत[2] का हाथ आ गया जब
मुहब्बत से दिल उनका गरमा गया जब
समां उनपे तौहीद का छा गया जब
सिखाए मओशत[3] के आदाब उनको
पढ़ाए तमद्दुन[4] के सब बाब[5] उनको

वक़्त

जताई उन्हें वक़्त की क़द्रो-क़ीमत
दिलाई उन्हें काम की हिर्सो-रग़बत[6]
कहा, छोड़ देंगे सब आख़िर रफ़ाक़त[7]
हों फ़रज़न्दो-ज़न[8] उसमें या मालो-दौलत
न छोड़ेगा पर साथ हरगिज़ तुम्हारा
भलाई में जो वक़्त तुमने गुज़ारा

फ़ुर्सत

ग़नीमत है सेहत अलालत[9] से पहले
फ़राग़त मशाग़िल[10] की कसरत से पहले
जवानी, बुढ़ापे की ज़हमत से पहले
अक़ामत[11] मुसाफ़िर की रिहलत[12] से पहले
फ़क़ीरी से पहले ग़नीमत है दौलत
जो करना है कर लो कि थोड़ी है मोहलत

1. टेढ़ी दिशा, 2. धन का ढेर, ख़ज़ाना, 3. समाज-व्यवहार, 4. संस्कृति, 5. पाठ, 6. लालसा और लगावट, 7. साथ, 8. पुत्र और स्त्री, 9. आलस्य, 10. कार्यों, 11. सुस्वास्थ्य, 12. महायात्रा, मृत्यु।

इल्म

यह कह कर किया इल्म पर उनको शैदा
कि "हैं दूर रहमत से सब अह्ले-दुनिया
मगर ध्यान है जिनको हरदम ख़ुदा का
है तालीम का या सदा जिनमें चर्चा
उन्हीं के लिए याँ है नेमत ख़ुदा की
उन्हीं पर है वाँ जाके रहमत ख़ुदा की"

हमदर्दी

सिखाई उन्हें नौ-ए-इन्सां पे शफ़क़त
कहा "है ये इस्लामियों की अलामत
कि हमसाए से रखते हैं वो मुहब्बत
शबो-रोज़ पहुँचाते हैं उसको राहत
वो जो हक़ से अपने लिए चाहते हैं
वही हर बशर के लिए चाहते हैं

रहम

ख़ुदा रह्म करता नहीं उस बशर पर
न हो दर्द की चोट जिसके जिगर पर
किसी के गर आफ़त गुज़र जाय सर पर
पड़े ग़म का साया न उस बेअसर पर
करो मेह्रबानी तुम अह्ले-ज़मीं पर
ख़ुदा मेह्रबां होगा अर्शे-बरीं[1]" पर

तअस्सुब*

डराया तअस्सुब से उनको ये कह कर
कि "ज़िन्दा रहा और मरा जो उसी पर
हुआ वो हमारी जमाअत[2] से बाहर
वो साथी हमारा न हम उसके यावर[3]
नहीं हक़ से कुछ उस मुहब्बत को बहर:[4]
कि जो तुमको अंधा करे और बहर:"[5]

---

1. आसमान, 2. जमात, वर्ग, 3. मित्र, सहयोगी, 4. लेना-देना, 5. बहरा।

* भेदभाव, साम्प्रदायिकता

पहरेज़गारी

बचाया बुराई से उनको ये कह कर
कि "ताअत से तर्के-मआसी है बेहतर
तवर्रोअ का है ज़ात में जिनकी जौहर
न होंगे कभी आबिद उनके बराबर"
करो ज़िक्र अह्ले-वरअ का जहाँ तुम
न लो आबिदों का कभी नाम वाँ तुम

कमाई

ग़रीबों को मेहनत की रग़बत दिलाई
"कि बाज़ू से अपने करो तुम कमाई
ख़बर ताकि लो उससे अपनी पराई
न करनी पड़े तुमको दर-दर गदाई
तलब से है दुनिया की गर याँ ये नीयत
तो चमकोगे वाँ माहे-कामिल की सूरत"

सम्पन्नता

अमीरों को तम्बीह की इस तरह पर
कि हैं तुममें जो अग़निया और तवंगर[1]
अगर अपने तबक़े में हों सबसे बेहतर
बनी-नौअ[2] के हों मददगारो-यावर
न करते हों बेमशवरत[3] काम हरगिज़
उठाते न हों बेधड़क गाम[4] हरगिज़
तो मुर्दों से आसूद:तर[5] है वो तबक़ा
ज़माना मुबारक मिले जिसको ऐसा
पै जब अह्ले-दौलत हों अशरारे-दुनिया[6]
न हो ऐश में जिनको औरों की पर्वा
नहीं उस ज़माने में कुछ ख़ैरो-बरकत
अक़ामत से बेहतर है उस वक़्त रिहलत

---

1. अग़निया और तवंगर = मालदार, धनाढ्य, 2. मानव-संतान, 3. सलाह किए बग़ैर, 4. क़दम, 5. ज़्यादा आराम में, 6. दुनिया के बुरे लोग।

अख़लाक़ (व्यवहार)

दिए फेर दिल उनके मक्रो-रिया[1] से
भरा उनके सीने को सिद्क़ो-सफ़ा[2] से
बचाया उन्हें कज़्ब[3] से अफ़्तरा[4] से
किया सुर्ख़रू ख़ल्क़ से और ख़ुदा से
रहा क़ौले-हक़ में न कुछ बाक[5] उनको
बस इक शोब में कर दिया पाक उनको

तमद्दुन (संस्कृति)

कहीं हिफ़्ज़े-सेहत के आईं[6] सिखाए
सफ़र के कहीं शौक़ उनको दिलाए
मफ़ाद उनको सौदागरी के सुझाए
उसूल उनको फ़रमाँदिही के बताए
निशाँ राहो-मंज़िल का इक-इक दिखाया
बनी-नौअ[7] का उनको रहबर बनाया

तरबियत[8] का असर

हुई ऐसी आदत पे तालीम ग़ालिब
कि बातिल[9] के शैदा हुए हक़[10] के तालिब
मुनाक़िब[11] से बदले गए सब मसालिब[12]
हुए रूह से बहर:वर[13] उनके क़ालिब
जिसे राज[14] रद कर चुके थे वो पत्थर
हुआ जाके आख़िर को क़ायम सिरे पर

ख़ातेमुल मुर्सलीन[15]

जब उम्मत[16] को सब मिल चुकी हक़ की नेमत
अदा कर चुकी फ़र्ज़ अपना रिसालत
रही हक़ पे बाक़ी न बन्दों की हुज्जत
नबी ने किया ख़ल्क़ से क़स्दे-रिहलत
तो इस्लाम की वारिस इक क़ौम छोड़ी
कि दुनिया में जिसकी मिसालें हैं थोड़ी

---

1. मक्कारी और धोखाधड़ी, 2. सच्चाई और पवित्रता, 3. झूठ, 4. फ़रेब, 5. डर, 6. विधान, 7. मानव जाति, 8. शिक्षा, उपदेश आदि, 9. मिथ्या, 10. सत्य, 11. गुणों, 12. दुर्गुण, 13. पूर्णता को प्राप्त, 14. राजगीर, 15. तात्पर्य : हज़रत मुहम्मद साहब का दुनिया से जाना, 16. अनुयायी।

ख़िलाफ़ते-राशिदा[1]

सब इस्लाम के हुक्म-बरदार बन्दे
सब इस्लामियों के मददगार बन्दे
ख़ुदा और नबी के वफ़ादार बन्दे
यतीमों के राँडों के ग़मख़्वार बन्दे
रहे-कुफ़्रो-बातिल से बेज़ार सारे
नशे में मये-हक़ के सरशार सारे

जहालत की रस्में मिटा देने वाले
कहानत[2] की बुनियाद ढा देने वाले
सर अहकामे-दीं[3] पर झुका देने वाले
ख़ुदा के लिए घर लुटा देने वाले
हर आफ़त में सीना-सिपर[4] करने वाले
फ़क़त एक अल्लाह से डरने वाले

अगर एख़्तिलाफ़[5] उनमें बाहम-दिगर[6] था
तो बिलकुल मदार[7] उसका इख़लास[8] पर था
झगड़ते थे लेकिन न झगड़ों में शर[9] था
ख़िलाफ़ आशती[10] से ख़ुशआइन्दःतर था
ये थी मौज पहली उस आज़ादगी की
हरा जिससे होने को था बाग़े-गेती[11]

न खानों में थी वाँ तकल्लुफ़ की कुल्फ़त[12]
न पोशिश[13] से मक़सूद[14] थी ज़ेबो-ज़ीनत[15]
अमीर और लश्कर की थी एक सूरत
फ़क़ीर और ग़नी[16] सबकी थी एक हालत
लगाया था माली ने इक बाग़ ऐसा
न था जिसमें छोटा बड़ा कोई पौधा

ख़ुलीफ़ा[17] थे उम्मत के ऐसे निगहबाँ
हो गल्ले का जैसे निगहबान चौपाँ[18]
समझते थे ज़म्मी[19]-ओ-मुस्लिम को यकसाँ
न था अब्दो-हुर[20] में तफ़ावत[21] नुमायाँ

---

1. इस्लाम धर्मावलम्बियों का शासन, 2. भूत-प्रेतों के माध्यम से रहस्योद्घाटन की प्रवृत्ति, 3. धर्मादेश, 4. डटे रहना, 5. असहमति, 6. एक-दूसरे से, 7. निर्भरता, 8. आपसी प्रेम, 9. बुराई, 10. सहमति, 11. संसार का बाग़, 12. रंज, 13. लिबास, 14. उद्देश्ययुक्त, 15. शोभा और सजावट, 16. दानी, 17. शासक, 18. चरवाहा, 19. ग़ैर मुस्लिम लोग, जो मुसलमानों के संरक्षण में थे, 20. ग़ुलाम और आज़ाद, 21. भेद।

कनीज़[1] और बानू[2] थीं आपस में ऐसी
ज़माने में माँजाई बहनें हों जैसी
रहे-हक़ में थी दौड़ और भाग उनकी
फ़क़त हक़ पे थी जिससे थी लाग उनकी
भड़कती न थी ख़ुद-बख़ुद आग उनकी
शरीअत के क़ब्ज़े में थी बाग[3] उनकी
जहाँ कर दिया नर्म नरमा गए वो
जहाँ कर दिया गर्म गरमा गए वो
किफ़ायत जहाँ चाहिए वाँ किफ़ायत
सख़ावत[4] जहाँ चाहिए वाँ सख़ावत
जची और तुली[5] दुश्मनी और मुहब्बत
न बेवज्ह उल्फ़त न बेवज्ह नफ़रत
झुका हक़ से जो झुक गए उससे वो भी
रुका हक़ से जो रुक गए उससे वो भी
तरक़्क़ी का जिस दम ख़याल उनको आया
इक अन्धेर था रुबए-मसकूँ[6] में छाया
इक इक क़ौम पर था तनज़्ज़ुल का साया
बलंदी से था जिसने सबको गिराया
वो नेशन जो हैं आज गर्दूं[7] के तारे
धुँधलके में पस्ती के पिन्हाँ थे सारे
न वो दौर-दौरा था इब्रानियों[8] का
न ये बख़्तो-इक़बाल[9] नस्रानियों[10] का
परागन्दः[11] दफ़्तर[12] था यूनानियों का
परीशाँ[13] था शीराज़ा सासानियों[14] का
जहाज़ अह्ले-रूमा[15] का था डगमगाता
चराग़ अह्ले-ईराँ का था टिमटिमाता
इधर हिन्द में हर तरफ़ था अँधेरा
कि था ग्यान-गुन का लदा याँ से डेरा
उधर था अजम[16] को जहालत ने घेरा
कि दिल सबने कैशो-कनश[17] से था फेरा

---

1. दासी, 2. मालकिन, 3. लगाम, बागडोर, 4. दानशीलता, 5. जाँची और परखी हुई, 6. एक-चौथाई स्थल और तीन-चौथाई जल वाली पृथ्वी, 7. आसमान, 8. यहूदियों, 9. भाग्य और सम्मान, 10. ईसाइयों, 11. विनष्ट, 12. सत्ता, 13. बिखरा हुआ, 14. सासान के पुत्र अस्फ़न्दयार की संतान में से होने वाले सम्राट, प्राचीन ईरानी, 15. रोम वालों, 16. ग़ैर अरब, 17. प्रवृत्ति और चरित्र।

न भगवान का ध्यान था ज्ञानियों में
न यज़दाँपरस्ती[1] थी यज़दानियों[2] में
हवा हर तरफ़ मौजज़न[3] थी बला की
गुलों पर छुरी चल रही थी जफ़ा[4] की
अक़ूबत[5] की हद थी न पुरसिश ख़ता की
पड़ी लुट रही थी वदीअत[6] ख़ुदा की
ज़मीं पर था अब्रे-सितम का दड़ेड़ा[7]
तबाही में था नौए-इंसाँ का बेड़ा
वो क़ौमें जो हैं आज ग़मख़्वारे-इंसाँ
दरिन्दों की और उनकी तीनत[8] थी यकसाँ
जहाँ अद्ल[9] के आज जारी हैं फ़रमाँ
बहुत दूर पहुँचा था वाँ ज़ुल्मो-तुग़याँ[10]
बने आज जो गल्ल:बाँ[11] हैं हमारे
वो थे भेड़िए आदमीख़ोर सारे
हुनर का जहाँ गर्म बाज़ार है अब
जहाँ अक़्लो-दानिश का बेहवार[12] है अब
जहाँ अब्रे-रहमत गुहरबार[13] है अब
जहाँ हुन बरसता लगातार है अब
तमद्दुन का पैदा न था वाँ निशाँ तक
समन्दर की आई न थी मौज वाँ तक
न रस्ता तरक़्क़ी का कोई खुला था
न ज़ीना बलंदी पे कोई लगा था
वो सहरा उन्हें क़तअ[14] करना पड़ा था
जहाँ नक़्शे-पा था न शोर-दरा[15] था
जुँही कान में हक़ की आवाज़ आई
लगा करने ख़ुद उनका दिल रहनुमाई

1. यज़दां नामक देवता (ख़ुदा) की पूजा, 2. तात्पर्य है : पारसी लोग, 3. सक्रिय, 4. ज़ुल्म, 5. सज़ा, 6. धरोहर, 7. सख़्त बारिश, 8. स्वभाव, 9. न्याय, 10. अत्याचार, 11. चरवाहा (तात्पर्य : नेतृत्व करने वाले), 12. लेन-देन, 13. मोती बरसाने वाला, 14. त्याग, 15. घंटी की आवाज़।

मुसलमानों की तरक़्क़ी

घटा इक पहाड़ों से बुतहा[1] के उट्ठी
पड़ी चार सू यक-बयक धूम जिसकी
कड़क और दमक दूर दूर उसकी पहुँची
जो 'टैगस'[2] पे गरजी तो गंगा पे बरसी
रहे उससे महरूम आबी[3] न ख़ाकी[4]
हरी हो गई सारी खेती ख़ुदा की

नस्ते-तौहीद[5]

किया उम्मियों[6] ने जहाँ में उजाला
हुआ जिससे इस्लाम का बोलबाला
बुतों को अरब और अजम[7] से निकाला
हर इक डूबती नाव को जा सँभाला
ज़माने में फैलाई तौहीदे-मुतलक़
लगी आने घर-घर से आवाज़ हक़-हक़
हुआ ग़लग़ल:[8] नेकियों का बदों में
पड़ी खलबली कुफ़्र की सरहदों में
हुई आतिश[9] अफ़सुर्दा[10] आतिशकदों[11] में
लगी ख़ाक-सी उड़ने सब मा'बदों[12] में
हुआ काबा आबाद सब घर उजड़ कर
जमे एक जा सारे दंगल बिछड़ कर

नस्ते-हसनात[13]

लिए इल्मो-फ़न उनसे नसरानियों ने
किया क़स्बे-अख़लाक़[14] रूहानियों[15] ने
अदब उनसे सीखा सफ़ाहानियों[16] ने
कहा बढ़के लब्बैक[17] यज़दानियों ने
हर इक दिल से रिश्ता जहालत का तोड़ा
कोई घर न दुनिया में तारीक छोड़ा

---

1. मक्का, 2. टैगस : स्पेन के एक दरिया का नाम, 3. जलचर, 4. स्थल के जीव, 5. एकेश्वरवाद की इबारत, 6. अनपढ़ लोग, तात्पर्य : अरब के निवासी, 7. अरब से बाहर के इलाक़ों, 8. शोर, 9. आग, 10. विनष्ट, 11. जहाँ अग्निपूजा होती थी; पारसियों के पूजाघर, 12. पूजाघर, 13. नेकियों की इबारत, 14. ज्ञान का युग, 15. आध्यात्मिक लोग, 16. इस्फ़हान (ईरान का एक शहर) के लोगों; अर्थात् ईरानियों, 17. शाबाशी, स्वागत।

अहया-ए-उलूम[1]

अरस्तू के मुर्दा फ़नों को जिलाया
फ़लातून को ज़िन्दा फिर कर दिखाया
हर इक शह्रो-क़रियाँ[2] को यूनाँ[3] बनाया
मज़ा इल्मो-हिकमत था सबको चखाया
किया बरतरफ़ पर्दा चश्मे-जहाँ से
जगाया ज़माने को ख़्वाबे-गराँ से

हर इक मयकदे से भरा जाके साग़र[4]
हर इक घाट से आए सैराब[5] हो कर
गिरे मिस्ले-परवाना हर रौशनी पर
गिरह में लिया बाँध हुक्मे-पयम्बर
कि "हिकमत को इक गुमशुदा लाल[6] समझो
जहाँ पाओ अपना उसे माल समझो"

हर इक इल्म के, फ़न के जोया[7] हुए वो
हर इक काम में सबसे बाला[8] हुए वो
फ़लाहत में बेमिस्लो-यकता[9] हुए वो
सियाहत[10] में मशहूरे-दुनिया हुए वो
हर इक मुल्क में उनकी फैली इमारत[11]
हर इक क़ौम ने उनसे सीखी तिजारत

किया जाके आबाद हर मुल्के-वीराँ
मुहय्या किए सब के राहत के सायाँ
ख़तरनाक थे जो पहाड़ और बयाबाँ
उन्हें कर दिया रश्के-सह्ने-गुलिस्ताँ
बहार अब जो दुनिया में आई हुई है
ये सब पौद उन्हीं की लगाई हुई है

ये हमवार सड़कें ये राहें मुसफ़्फ़ा[12]
दोतरफ़ा बराबर दरख़्तों का साया
निशाँ जा-ब-जा मीलो-फ़र्सिख़[13] के बरपा
सरे-रह कुएँ और सरायें मुहय्या
उन्हीं के हैं सबने ये चर्बे[14] उतारे
उसी क़ाफ़िले के निशाँ हैं ये सारे

---

1. ज्ञान की जान, 2. शहर और गाँव, 3. यूनान, 4. प्याला, 5. तृप्त, 6. मणि, 7. खोजी, 8. उच्च, 9. अतुलनीय और अकेले, 10. यात्रा, 11. निर्माण-योजना, 12. साफ़, 13. मील और फ़र्लांग आदि नाप, 14. ऊपरी नक़ल।

सैरो-सहायत[1]

सदा उनको मरग़ूब[2] सैरो-सफ़र था
हर इक बर्रे-आज़म[3] में उनका गुज़र था
तमाम उनका छाना हुआ बह्रो-बर था
जो लंका में डेरा तो 'बरबर'[4] में घर था
वो गिनते थे यकसाँ वतन और सफ़र को
घर अपना समझते थे हर दश्तो-दर को

जहाँ को है याद उनकी रफ़्तार अब तक
कि नक़्शे-क़दम हैं नमूदार अब तक
'मलाया' में हैं उनके आसार अब तक
उन्हें रो रहा है 'मलीबार'[5] अब तक
हिमाला[6] को हैं वाक़ेआत उनके अज़-बर
निशाँ उनके बाक़ी हैं 'जिबराल्टर'[7] पर

नहीं इस तबक़[8] पर कोई बर्रे-आज़म
न हों जिसमें उनकी इमारात[9] मोहकम[10]
अबर, हिन्द, मिस्र, अन्दलस[11], शाम[12], दीलम[13]
बनाओं[14] से है उनकी मा'मूर आलम
सरे-कोहे-आदम[15] से ता कोहे बैज़ा[16]
जहाँ जाओगे खोज पाओगे उनका

आसारे-सनादीदे-इस्लाम[17]

वो संगीं[18] महल और वो उनकी सफ़ाई
जमी जिनके खंडरों पे है आज काई
वो मर्क़द[19] कि गुम्बद थे जिनके तिलाई[20]
वो मा'बद[21] जहाँ जलव:गर थी ख़ुदाई
ज़माने ने गो उनकी बरकत उठाई
नहीं कोई वीरान: पर उनसे ख़ाली

---

1. सैर और यात्रा, 2. प्रिय, 3. महाद्वीप, 4. स्थान का नाम, 5. मालाबार, 6. हिमालय, 7. स्पेन के एक पहाड़ का नाम, 8. पृथ्वी तल, 9. निर्माण, 10. सुदृढ़, 11. स्पेन, 12. स्याम द्वीप, 13. स्थान का नाम, 14. संरचना, 15. श्रीलंका की पर्वत शृंखला में सबसे ऊँची चोटी का नाम, 16. स्पेन का एक पहाड़, स्ट्राल बेडा, 17. इस्लामी दौर की प्राचीन इमारतों के खँडहर, 18. पत्थर के, 19. मक़बरे, 20. सुनहरे, 21. इबादतगाह।

ख़िलाफ़ते-अन्दलस[1]

हुआ अन्दलस उनसे गुलज़ार यकसर
जहाँ उनके आसार बाक़ी हैं अक्सर
जो चाहे कोई देख ले आज जाकर
ये है बैते-हुमरा[2] की गोया-ज़बाँ पर
कि थे आले-अदनान[3] से मेरे बानी[4]
अरब की हूँ मैं इस ज़मी पर निशानी

हुवैदा है 'ग़रनात:'* से शौक़त उनकी
अयाँ है 'बलनसीय:' से क़ुदरत उनकी
'बतलयूस' को याद है अज़मत उनकी
टपकती है 'क़ाउस'[5] में सर हसरत उनकी
नसीब उनका 'अशबीलिय:' में है सोता
शबो-रोज़ है 'क़रतब:' उनको रोता

कोई क़रतबे: के खँडर जाके देखे
मसाजिद के मेहराबो-दर जाके देखे
'हिजाज़ी[6] अमीरों' के घर जाके देखे
ख़िलाफ़त को ज़ेरो-ज़बर जाके देखे
जलाल उनका खँडरों में है यूँ चमकता
कि हो ख़ाक में जैसे कुंदन दमकता

ख़िलाफ़ते-बग़दाद (बग़दाद का शासन)

वो बल्द:[7] कि फख़्रे-बिलादे – जहाँ था
तरो-ख़ुश्क[8] पर जिसका सिक्का रवाँ था
गड़ा जिसमें अब्बासियों[9] का निशाँ था
इराक़े-अरब[10] जिससे रश्के-जनां[11] था

---

1. स्पेन का शासन, 2. स्पेन-स्थित 'गज़नात' : का मशहूर महल-कस्रुल-हुमरा, 3. बनी उमय्या, जो कि सदियों तक स्पेन में हुक्मराँ रहे, उनके पूर्वज का नाम 'अदनान' था। इसीलिए बनी उमय्या (उमय्या की संतान) और उनके चचाज़ाद भाइयों (बनी-हाशिम) को 'आले-अदनान' कहा गया, 4. पूर्वज, 5. 'क़ाउस' स्पेन का एक छोटा-सा जज़ीरा है, जो 'ज़क़ाक़' की खाड़ी से सटा हुआ है, 6. अरब से गए हुए प्रवासी, 7. शहर, यहाँ तात्पर्य है : बग़दाद, 8. जल-थल, 9. अब्बासी युग, 10. दजला और फ़रात नदियों के बीच का क्षेत्र (हमारे यहाँ जिसे दोआबा कहते हैं), 11. जिस पर जन्नत रश्क़ करे।

* आठवीं से लेकर बारहवीं पंक्ति '—' के अन्तर्गत स्पेन के शहरों के नाम हैं। स्पेन की विभिन्न रियासतों की राजधानियों के नाम, जो किसी ज़माने में रौनक़ से भरे हुए अज़ीमुश्शान शहर थे। 'बतलयूस'—'करतब:' के उत्तर-पश्चिम में बड़ा शहर था। अपने प्रवासकाल में इब्ने-उमर ने यहाँ आलीशान इमारतें बनवाई थीं।

उड़ा ले गई बादे-पिन्दार[1] जिसको
बहा ले गई सैले-तातार[2] जिसको
सुने गोशे-इब्रत[3] से गर जाके इंसाँ
तो वाँ ज़र्रा-ज़र्रा ये करता है ऐलाँ
कि था जिन दिनों मेह्रे-इस्लाम[4] ताबाँ[5]
हवा याँ की थी ज़िन्दगीबख़्श दौराँ[6]
पड़ी ख़ाके-एथेंज़ में जाँ यहीं से
हुआ ज़िन्दा फिर नामे-यूनाँ यहीं से
वो लुक़मानो-सुक़रात के दर्रे-मकनूँ[7]
वो असरार[8] बुक़रातो-दर्से-फ़लातूँ
अरस्तू की तालीम सोलन[9] के क़ानूँ
पड़े थे किसी क़ब्रे-कुहन:[10] में मदफ़ूँ
यहीं आके मुह्रे-सुकूत[11] उनकी टूटी
इसी बाग़े-र:नाँ[12] से बू उनकी फूटी
ये था इल्म पर वाँ तवज्जो: का आलम
कि हो जैसे मजरूह[13] जोया-ए-मरहम[14]
किसी तरह प्यास उनकी होती न थी कम
बुझाता था आग उनकी बाराँ[15] न शबनम
हरीमे-ख़िलाफ़त[16] में ऊँटों पे लद कर
चले आते थे मिस्रो-यूनाँ के दफ़्तर
वो तारे जो थे शिर्क़[17] में लमअ:-अफ़गन[18]
पै था उनकी किरनों से ता-ग़र्ब[19] रौशन
नविश्तों[20] से हैं जिनके अब तक मुज़य्यन[21]
कुतुबख़ान:-ए-पेरिस-ओ-रूम-ओ-लन्दन
पड़ा ग़लग़ल: जिनका था किश्वरों में
वो सोते हैं बग़दाद के मक़बरों में

---

1. ग़ुरूर की हवा, 2. तातारियों का सैलाब (बग़दाद शहर, जो अब्बासी ख़िलाफ़त के दौर में दुनिया सबसे अहम और बड़ा शहर था, उसे तातारियों ने तबाह और बरबाद कर डाला था।), 3. सीख ग्रहण करने वाला कान, 4. इस्लाम का सूर्य, 5. देदीप्यमान, 6. प्रवहमान, 7. छिपे हुए मोती, 8. रहस्य, 9. एथेंस का प्रसिद्ध क़ानूनविद्, 10. पुरानी क़ब्र, 11. चुप्पी की मुहर, 12. ख़ूबसूरत बाग़, 13. ज़ख़्मी, 14. मरहम की तलाश में, 15. बारिश, 16. ख़िलाफ़त का केन्द्र, अर्थात् बग़दाद, 17. पूरब, 18. चमकदार रौशनी, 19. क्षितिज तक, 20. आलेख, 21. सुसज्जित।

इल्मे-हय्यत[1]

वो 'संजार' का और 'कूफ़ा' का मैदाँ
फ़राहम हुए जिसमें मस्साहे-दौराँ[2]
कुरह[3] की मसाहत[4] के फैलाए सामाँ
हुई जुज़्व से क़द्र कुल की नुमायाँ
ज़माना वहाँ आज तक नाहागर है
कि अब्बासियों की सभा वो किधर है
समरक़ंद से अन्दलस तक सरासर
उन्हीं की रसदगाहें[5] थीं जलव: गस्तर[6]
सवादे-मराग़:[7] में और क़ासियों[8] पर
ज़मीं से सदा आ रही है बराबर
कि जिनकी रसद[9] के ये बाक़ी निशाँ हैं
वो इस्लामियों के मुनज्जम[10] कहाँ हैं

तारीख़ (इतिहास)

मुवर्रिख़[11] जो हैं आज तहक़ीक़[12] वाले
तफ़स्हुस[13] के हैं जिनके आईं निराले
जिन्होंने हैं आलम के दफ़्तर खँगाले
ज़मीं के तबक़ सरबसर छान डाले
अरब ही ने दिल उनके जाकर उभारे
अरब ही से वो भरने सीखे तरारे[14]
अँधेरा तवारीख़ पर छा रहा था
सितारा रवायत[15] का गहना रहा था
दरायत[16] के सूरज पर अब्र आ रहा था
शहादत का मैदान धुँधला रहा था
सरे-रह चिराग़ इक अरब ने जलाया
हर इक क़ाफ़िले का निशाँ जिससे पाया

---

1. कैफ़ियत का ज्ञान, 2. युग मापने वाले, 3. दुनिया, 4. माप, 5. नक्षत्रों के अध्ययन का स्थान, वेधशाला, 6. प्रकट, 7. मराग़:—आज़रबाइज़ान का एक शहर, 8. धर्मोपदेशकों, 9. नक्षत्र विज्ञान, 10. ज्योतिषी, 11. इतिहासकार, 12. शोध, 13. छानबीन, 14. छलाँग (तात्पर्य है कल्पना और चिन्तन की उड़ान), 15-16. परम्परा का विकास, व्याख्याएँ (यहाँ तात्पर्य 'हदीसों' से है)।

मुहद्देसीन (हदीसकार)

गिरोह एक जोया[1] था इल्मे-नबी का
लगाया पता जिसने हर मफ़्तरी[2] का
न छोड़ा कोई रख़्न:[3] कज़्बे-ख़फ़ी[4] का
किया क़ाफ़िया तंग[5] हर मुद्दई का
किए जर्हो-ता'दील[6] के वज़अ क़ानूँ[7]
न चलने दिया कोई बातिल[8] का अफ़्सूँ[9]
इसी धुन में आसाँ किया हर सफ़र को
इसी शौक़ में तय किया बह्रो-बर को
सुना ख़ाज़िने-इल्में-दीं[10] जिस बशर को
लिया उससे जाकर ख़बर और असर को
फिर आप उसको परखा कसौटी पे रख कर
दिया और को ख़ुद मज़ा उसका चख कर
किया फ़ाश रावी[11] में जो ऐब पाया
मुनाक़िब[12] को छाना मसालिब[13] को ताया[14]
मशायख़[15] में जो क़ब्ह[16] निकला जताया
अयम्म:[17] में जो दाग़ देखा बताया
तिलस्मे-वरअ[18] हर मुक़द्दस का तोड़ा
न मुल्ला[19] को छोड़ा न सूफ़ी को छोड़ा
रजाल[20] और असानीद[21] के जो हैं दफ़्तर
गवाह उनकी आज़ादगी के हैं यकसर
न था उनका एहसाँ ये इक अहले-दीं[22] पर
वो थे उसमें हर क़ौमो-मिल्लत के रहबर
लिबर्टी में जो आज फ़ाइक़[23] हैं सबसे
बताएँ कि लिबरल बने हैं वो कब से

---

1. शोधकर्ता, यहाँ हदीसकारों से तात्पर्य है, 2. झूठा दावा करने वाला, 3. दोष, 4. छिपाया हुआ झूठ, 5. क़ाफ़िया तंग करना = बोलती बन्द करना, 6. जिरह—बहस, तर्क सहित झूठ का पर्दाफ़ाश। 7. क़ानून की प्रतिष्ठा, 8. मिथ्या, 9. जादू, 10. धार्मिक ज्ञान का भंडार, 11. आलेख, 12. गुणगान करने वाला, 13. सलीब पर चढ़ने वाला, 14. ढक देना, 15. धर्मतत्त्वों, 16. कमी, 17. नेतृत्व (इमाम का बहुबचन), 18. परहेज़गारी का जादू, 19. साधकों, 20. परम्पराएँ (अर्थात् हदीस आदि), 21. प्रामाणिक (ग्रंथ), 22. दीनवाले, 23. श्रेष्ठ।

फ़साहते-अरब (अरब वालों की सादगी)

फ़साहत के दफ़्तर थे सब गावख़ुर्दा[1]
बलाग़त के रस्ते थे सब नासुपुर्दा[2]
उधर रोम की शम्मे-इंशा[3] थी मुर्दा
इधर आतिशे-पारसी[4] थी फ़सुर्दा[5]
यकायक जो बर्क़[6] आके चमकी अरब की
खुली की खुली रह गई आँख सबकी

अरब की जो देखी वो आतिश ज़बानी[7]
सुनी बर महल उनकी शेवा-बयानी
वो अशआर की दिल में रीशः दवानी[8]
वो ख़ुतबों[9] की मानिन्द दरिया रवानी
वो जादू के जुम्ले वो फ़िक़रे फ़ुसूँ के
तू समझे कि गोया हम अब तक थे गूँगे

सलीक़ा किसी को न था मद्हो-ज़म[10] का
न ढब याद था शर्‌हे-शादी-ओ-ग़म[11] का
न अन्दाज़े-तलक़ीन[12] वा'ज़ो-हिकम का
ख़ज़ाना था मदफ़ूँ ज़बाँ और क़लम का
नवासंजियाँ[13] उनसे सीखीं ये सबने
ज़बाँ खोल दी सबकी नत्क़े-अरब[14] ने

ज़माने में फैली तिब[15] उनकी बदौलत
हुई बह्‌र:वर[16] जिससे हर क़ौमो-मिल्लत
न सिर्फ़ एक मश्रिक़[17] में थी उनकी शोहरत
मुसल्लिम[18] थी मग़्रिब तक उनकी ख़दाक़त[19]
स्लर्नो[20] में जो एक नामी मतब था
वो मग़्रिब में अत्तारे-मुश्के-अरब[21] था

---

1. बरबाद, 2. वह रास्ता जिस पर कोई न चला हो, 3. लेखन का दीप, 4. पारसियों की आग (पारसी अग्निपूजक रहे हैं, यहाँ तात्पर्य है उनका दबदबा), 5. बुझी हुई, 6. बिजली, 7. आग उगलती वक्तृता, 8. प्रशंसा और निन्दा, 9. वक्तव्य, 10. प्रशंसा और निन्दा, 11. ख़ुशी और ग़म का शिष्टाचार, 12. दीक्षा, 13. गान, 14. अरब वालों की वाणी, 15. चिकित्साशास्त्र, 16. सौभाग्यशाली, 17. पूरब, 18. स्वीकृत, 19. महारत, 20. इटली का एक शहर। वहाँ मुसलमानों का एक मशहूर मदरसा था, जिसमें चिकित्साशास्त्र का शिक्षण होता था, 21. अरब का मुश्क (इत्र) विक्रेता।

'अबू बक्र राज़ी,' 'अली इब्ने-ईसा'
हकीमे-गिरामी 'हुसैन इब्ने-सीना'
'हनीन इब्ने-इस्हाक़' 'क़सयुसे'-दाना
'ज़िया' 'इब्ने-बेतार' रास अलअतिब्बा[1]
उन्हीं के हैं मश्रिक़ में सब नामलेवा
उन्हीं से हुआ पार मग्रिब का खेवा[2]

अरब के ज्ञान

ग़रज़ फ़न हैं जो माय:-ए-दीनो-दौलत[3]
तबीई[4], इलाही[5], रियाज़ी[6] व हिकमत[7]
तिब और कीमिया[8], हिन्दसा और हय्यत[9]
सियासत[10], तिजारत, इमारत[11], फ़लाहत[12]
लगाओगे खोज उनका जाकर जहाँ तुम
निशाँ उनके क़दमों के पाओगे वाँ तुम

अरब की फ़ैज़े-रसानी (अरब का यश-दान)

हुआ गोकि पामाल[13] बिस्ताँ[14] अरब का
मगर इक जहाँ है ग़ज़लख़्वाँ[15] अरब का
हरा कर गया सबको बाराँ[16] अरब का
सुपैद और सियह[17] पर है एहसाँ अरब का
वो क़ौमें जो हैं आज सरताज सबकी
कनौंडी[18] रहेंगी हमेशा अरब की

रहे जब तक अरकाने-इस्लाम[19] बरपा
चलन अह्ले-दीं का रहा सीधा-सादा
रहा मैल से शह्दे-साफ़ी-मुसफ़्फ़ा[20]
रही खोट से सीमे-ख़ालिस[21] मुबर्रा[22]
न था कोई इस्लाम का मर्दे-मैदाँ
अलम[23] एक था शश-जहत[24] में दुर-अफ़्शाँ[25]

पहली से चौथी पंक्ति में '—' वाले शब्द अरब के प्रसिद्ध चिकित्सा-विज्ञानियों के नाम हैं। 1. चिकित्सा विज्ञानियों का सरदार, 2. नाव, बेड़ा, 3. लोक-परलोक की पूँजी, 4. चिकित्सा, 5. ब्रह्मज्ञान, 6. गणित, 7. वैद्यक, 8. चिकित्सा और विरेचन, 9. इंजीनियरिंग (सम्भवत:), 10. राजनीति, 11. आर्किटैक्चर, 12. काश्तकारी, 13. बरबाद, 14. बाग़, 15. यहाँ तात्पर्य है प्रेमपूर्वक गुणगान करने वाला, 16. वर्षा, 17. सफ़ेद और काला, 18. कृतज्ञ (यह शब्द ब्रजभाषा का है : कनौड़े), 19. इस्लामी कार्य, 20. साफ़ शहद भाँति सफ़ाई, 21. शुद्ध चाँदी, 22. मुक्त, 23. ध्वज, 24. छह दिशाएँ, 25. लहराता हुआ।

अहले-इस्लाम का पतन

प:[1] गदला हुआ जबकि चश्म: सफ़ा का[2]
गया छूट सर-रिश्ता[3] दीने-हुदा[4] का
रहा सर पे बाक़ी न साया हुमा[5] का
तो पूरा हुआ अह्द[6] जो था ख़ुदा का
"कि हमने बिगाड़ा नहीं कोई अब तक
वो बिगड़ा नहीं आप दुनिया में जब तक"
बुरे उनपे वक़्त आके पड़ने लगे अब
वो दुनिया में बस कर उजड़ने लगे अब
भरे उनके मेले बिछड़ने लगे अब
बने थे वो जैसे बिगड़ने लगे अब
हरी खेतियाँ जल गईं लहलहा कर
घटा खुल गई सारे आलम पे छाकर
न सरवत[7] रही उनकी क़ायम न इज़्ज़त
गये छोड़ साथ उनका इक़बालो-दौलत
हुए इल्मो-फ़न उनसे एक-एक रुख़्सत
मिटीं ख़ूबियाँ सारी नौबत-ब-नौबत[8]
रहा दीन बाक़ी न इस्लाम बाक़ी
इक इस्लाम का रह गया नाम बाक़ी

उपेक्षित क़ौमों का दृष्टान्त

मिले कोई टीला अगर ऐसा ऊँचा
कि आती हो वाँ से नज़र सारी दुनिया
चढ़े उस पे फिर इक ख़िरदमन्द[9] दाना[10]
कि क़ुदरत के दंगल का देखे तमाशा
तो क़ौमों में फ़र्क़ इस क़दर पाएगा वो
कि आलम को ज़ेरो-ज़बर[11] पाएगा वो

---

1. मगर, पर, 2. सफ़ाई का झरना, 3. बुनियादी सम्बन्ध, 4. सच्चा धर्म, 5. 'हुमा' एक काल्पनिक पक्षी का नाम है, जिसे कल्याणकारी माना गया है, 6. वादा, 7. समृद्धि, 8. बारी-बारी से, 9. बुद्धिमान, 10. समझदार, 11. उलट-पलट।

वो देखेगा हर सू हज़ारों चमन वाँ
बहुत ताज़ातर सूरते-बाग़े-रिज़वाँ[1]
बहुत उनसे कमतर प: सरसब्ज़ो-ख़न्दाँ[2]
बहुत ख़ुश्क और बेतरावत मगर हाँ
नहीं लाए गो बर्गो-बार[3] उनके पौदे
नज़र आते हैं होनहार उनके पौदे

इस्लामी क़ौम का दृष्टान्त

फिर इक बाग़ देखेगा उजड़ा सरासर
जहाँ ख़ाक उड़ती है हर सू बराबर
नहीं ताज़गी का कहीं नाम जिस पर
हरी टहनियाँ झड़ गईं जिसकी जल कर
नहीं फूल-फल जिसमें आने के क़ाबिल
हुए रूख जिसके जलाने के क़ाबिल
जहाँ आग का काम करता है बाराँ
जहाँ आ के देता है रो अब्रे-नीसाँ[4]
तरद्दुद[5] से जो और होता है वीराँ
नहीं रास जिसको ख़िज़ाँ और बहाराँ
ये आवाज़ पैहम[6] वहाँ आ रही है
कि इस्लाम का बाग़े-वीराँ यही है
वो दीने-हिजाज़ी[7] का बेबाक बेड़ा
निशाँ जिसका अक़्सा-ए-आलम[8] में पहुँचा
मज़ाहिम[9] हुआ कोई ख़तरा न जिसका
न उम्माँ[10] में ठिठका न क़ुलज़म[11] में झिझका
किए पै-सिपर[12] जिसने सातों समन्दर
वो डूबा दहाने में गंगा के आकर
अगर कान धर कर सुनें अह्ले-इब्रत
तो 'सीलोन' से ता ब: कश्मीरो-तिब्बत
ज़मीं, रूख, बन फूल, फल, रेत परबत
ये फ़रियाद सब कर रहे हैं ब:हसरत

---

1. रिदवाँ (रिज़वाँ)—अर्थात् जन्नत (वस्तुत: जन्नत के दारोग़ा का नाम 'रिज़वान' माना जाता है।), 2. चमकीला, 3. पत्ते और फल, 4. स्वाति नक्षत्र का बादल (जिसकी बूँद सीप में पड़ने से मोती बनता है।), 5. असमंजस, 6. लगातार, 7. मक्का और मदीना वाला, 8. दुनिया की आख़िरी हद, 9. क्लेशयुक्त, 10. अम्मान (अम्मान की खाड़ी, जो अरब और बलूचिस्तान के दरम्यान है।), 11. एक समुद्र—बह्रे क़ुलज़म, जिसे बह्रे अहमर भी कहते हैं, 12. पार।

कि कल फ़ख़्र था जिनसे अह्ले-जहाँ को
लगा उनसे ऐब आज हिन्दोस्ताँ को

क़ौम से ख़िताब (सम्बोधन)

हुकूमत ने तुमसे किया गर किनारा
तो इसमें न था कुछ तुम्हारा इजारा[1]
ज़माने की गर्दिश से है किसको चारा
कभी याँ 'सिकन्दर' कभी याँ है 'दारा'
नहीं बादशाही कुछ आख़िर ख़ुदाई
जो है आज अपनी वो कल है पराई

मुसलमानों का प्रभुत्व

हुई मुतक़ज़ी[2] जबकि हिकमत ख़ुदा की
कि तालीम जारी हो ख़ैरुलवरा[3] की
पड़ी धूम आलम में दीने-हुदा[4] की
तो आलम की तुमको हुकूमत अता की
कि फैलाव दुनिया में हिकमे-शरीअत
करो ख़त्म बन्दों पे मालिक की हुज्जत[5]
अदा कर चुकी जब हक़ अपना हुकूमत
रही अब न इस्लाम को उसकी हाजत
मगर हैफ़[6] ऐ फ़ख़्रे-आदम की उम्मत[7]
हुई आदमीयत भी साथ उसके रुख़्सत
हुकूमत थी गोया कि इक झोल तुम पर
कि उड़ते ही उसके निकल आए जौहर

शासित क़ौमें

ज़माना में हैं ऐसी क़ौमें बहुत सी
नहीं जिनमें तख़सीस[8] फ़रमाँदेही[9] की
पर आफ़त कहीं ऐसी आई न होगी
कि घर घर पे याँ छा गई आ के पस्ती

1. एकच्छत्र राज्य, 2. इच्छुक, माँग करने वाला, 3. सर्वश्रेष्ठ प्राणी। ह. मुहम्मद का कथन है : मख़लूक़ में सर्वोत्तम, 4. सच्चा धर्म, यहाँ 'इस्लाम' से तात्पर्य है, 5. दलील, 6. अफ़सोस, 7. अनुयायी, 8. विशेषता, 9. शासनकर्म।

चकोर और शहबाज़[1] सब औज[2] पर हैं
मगर एक हम हैं कि बे बालो-पर हैं
वो मिल्लत कि गर्दूं[3] पे जिसका क़दम था
हर इक खूँट में जिसका बरपा अलम था
वो फ़िरक़ा जो आफ़ाक़ में मोहतरम था
वो उम्मत लक़ब जिसका ख़ैरुलउमम[4] था
निशां उसका बाक़ी है सिर्फ़ इस क़दर याँ
कि गिनते हैं अपने को हम भी मुसलमाँ

हिन्दोस्तान के मुसलमान

वगरना हमारी रगों में, लहू में
हमारे इरादों में और जुस्तजू में
दिलों में, ज़बानों में और गुफ़्तगू में
तबीअत में, फ़ितरत में, आदत में, ख़ू[5] में
नहीं कोई ज़र्रा नजाबत[6] का बाक़ी
अगर हो किसी में तो है इत्तेफ़ाक़ी
हमारी हर इक बात में सिफ़ल:पन[7] है
कमीनों से बदतर हमारा चलन है
लगा नामे-आबा[8] को हमसे गहन[9] है
हमारा क़दम नंगे-अह्ले-वतन[10] है
बुज़ुर्गों की तौक़ीर[11] खोई है हमने
अरब की शराफ़त डुबोई है हमने
न क़ौमों में इज़्ज़त न जलसों में वक़अत
न अपनों से उल्फ़त न ग़ैरों से मिल्लत
मिज़ाजों में सुस्ती, दिमाग़ों में नख़वत[12]
ख़यालों में पस्ती, कमालों से नफ़रत
अदावत निहाँ[13], दोस्ती आशकारा[14]
ग़रज़ की तवाज़ो, ग़रज़ की मुदारा[15]
न अह्ले-हुकूमत के हमराज़ हैं हम
न दरबारियों में सर-अफ़राज़[16] हैं हम
न इल्मों में शायाने-एज़ाज़[17] हैं हम
न सनअत[18] में, हिर्फ़त[19] में मुमताज़ हैं हम

---

1. सबसे ताक़तवर परिन्दा, 2. बुलंदी, 3. आसमान, 4. सर्वश्रेष्ठ उम्मत (धर्मावलम्बी), 5. ख़ूबी, 6. शराफ़त, 7. घटियापन, 8. पूर्वजों के नाम, 9. ग्रहण, 10. वतन के लए ज़िल्लत, 11. प्रतिष्ठा, 12. ग़ुरूर, 13. गुप्त, 14. प्रकट, 15. स्वार्थपरक ख़ातिर-तवाज़ा, 16. उच्च स्थान प्राप्त, 17. सम्मान के योग्य, 18. कारोबार, 19. रोज़गार।

न रखते हैं कुछ मंज़िलत[1] नौकरी में
न हिस्सा हमारा है सौदागरी में
तनज़्ज़ुल[2] ने की है बुरी गत हमारी
बहुत दूर पहुँची है नकबत[3] हमारी
गई गुज़री दुनिया से इज़्ज़त हमारी
नहीं कुछ उभरने की सूरत हमारी
पड़े हैं इक उम्मीद के हम सहारे
तवक़्क़ो पे जन्नत की जीते हैं सारे
सयाहत[4] की गूँ है, न मर्दे-सफ़र हैं
ख़ुदा की ख़ुदाई से हम बेख़बर हैं
ये दीवारें घर की जो पेशे-नज़र हैं
यही अपने नज़दीक हद्दे-बसर[6] हैं
हैं तालाब में मछलियाँ कुछ फ़राहम
वही उनकी दुनिया, वही उनका आलम
बहिश्त और इरम[7], सलसबील[8] और कौसर[9]
पहाड़ और जंगल, जज़ीरे समन्दर
इसी तर्ह के और भी नाम अक्सर
किताबों में पढ़ते रहे हैं बराबर
प:' जब तक न देखें, कहें किस यक़ीं पर
कि ये आसमाँ पर हैं या फिर ज़मीं पर

वक़्त की बरबादी

वो बेमोल पूँजी कि है अस्ल-दौलत
वो शाइस्ता मुल्कों का गंजे-सआदत[10]
वो आसूद:[11] क़ौमों का रासुलबेज़ाअत[12]
वो दौलत कि है वक़्त जिससे इबारत
नहीं उसकी वक़अत[13] नज़र में हमारी
यूँ ही मुफ़्त जाती है बरबाद सारी
अगर हमसे माँगे कोई एक पैसा
तो होगा कमोबेश बार उसका देना
मगर हाँ वो सरमाय:-ए-दीनो-दुनिया
कि एक-एक लम्हा है अनमोल जिसका

---

1. मंज़िल को प्राप्त, 2. पतन, 3. ख़्वारी, ज़िल्लत, 4. भ्रमण, 5. योग्यता, 6. निगाहों की सीमा, 7. जन्नत का बाग़, 8. जन्नत की एक नहर का नाम, 9. जन्नत का पेय, 10. ख़ुशनसीबी, 11. ख़ुशहाल, 12. मूलधन, 13. महत्ता।

नहीं करते ख़िस्सत[1] उड़ाने में उसके
बहुत हम सख़ी[2] हैं लुटाने में उसके
अगर साँस दिन-रात की सब गिनें हम
तो निकलेंगे अनफ़ास[3] ऐसे बहुत कम
कि हो जिनमें कल के लिए कुछ फ़राहम
यूँ ही गुज़रे जाते हैं दिन-रात पैहम
नहीं कोई गोया ख़बरदार हममें
कि ये साँस आख़िर हैं अब कोई दम में
गड़रिये का वो हुक्मबरदार कुत्ता
कि भेड़ों की हरदम है रखवाली करता
जो रेवड़ में होता है पत्ते का खड़का
तो वो शेर की तर्ह फिरता है बिफरा
गर इंसाफ़ कीजे तो है हमसे बेहतर
कि ग़ाफ़िल नहीं फ़र्ज़ से अपने दम भर

यूरोप वालों की वक़्त की पाबन्दी

वो क़ौमें जो सब राहें तय कर चुकी हैं
ज़ख़ीरे हर इक जिंस के भर चुकी हैं
हर इक बोझ बार अपने सर धर चुकी हैं
हुई तब हैं ज़िन्दा कि जब मर चुकी हैं
उसी तर्ह राहे-तलब में हैं पोया[4]
बहुत दूर अभी उनको जाना है गोया
किसी वक़्त जी भर के सोते नहीं वो
कभी सेर[5] मेहनत से होते नहीं वो
बेज़ाअत[6] को अपनी डुबोते नहीं वो
कोई लम्हा बेकार खोते नहीं वो
न चलने से थकते न उकताते हैं वो
बहुत बढ़ गये और बढ़े जाते हैं वो
मगर हम कि अब तक जहाँ थे वहीं हैं
जमादात की तर्ह बारे-ज़मीं हैं
हैं दुनिया में ऐसे कि गोया नहीं हैं
ज़माने से कुछ ऐसे फ़ारिग़-नशीं[7] हैं

1. कंजूसी, 2. दानी, 3. श्वास, 4. तेज़, 5. तृप्त, 6. पूँजी, 7. लापरवाह।

कि गोया ज़रूरी था जो काम करना
वो सब कर चुके, एक बाक़ी है मरना

हिन्दुओं की मुअज़्ज़िज़ क़ौमें

यहाँ और हैं जितनी क़ौमें गिरामी[1]
ख़ुद-इक़बाल[2] है आज उनका सलामी[3]
तिजारत में मुम्ताज़, दौलत में नामी
ज़माने की साथी, तरक़्क़ी की हामी
न फ़ारिग़ हैं औलाद की तरबियत से
न बेफ़िक्र हैं क़ौम की तक़वियत[4] से

दुकान उनकी है और बाज़ार उनका
बनिज उनका है और बेहवार उनका
ज़माने में फैला है बेवपार उनका
है पीरो-जवाँ[5] बरसरेकार[6] उनका
मदार[7] अह्लकारी का है अब उन्हीं पर
उन्हीं के हैं ऑफ़िस, उन्हीं के हैं दफ़्तर

मुअज़्ज़िज़ हैं हर एक दरबार में वो
गिरामी हैं हर एक सरकार में वो
न रुसवा हैं आदातो-अतवार[8] में वो
न बदनाम गुफ़्तारो-किरदार[9] में वो
न पेशे से, हर्फ़े[10] से इन्कार उनको
न मेहनत मशक़्क़त से कुछ आ'र[11] उनको

तबीअत में इक इक के है ख़ाकसारी
बुरा सुन के करते हैं वो बुर्दबारी[12]
तवाज़ो है सबकी रगो-पै में सारी[13]
दिमाग़ उनके हैं क़ब्रो-नख़वत से आरी
न बातों में उनकी हिक़ारत किसी की
न जलसों में उनके मज़म्मत किसी की

---

1. श्रेष्ठ, 2. आत्मसम्मान, 3. सलामत, 4. शक्ति, 5. बूढ़े और जवान, 6. कर्मनिष्ठ, 7. निर्भर, 8. शिष्टाचार, 9. वचन और चरित्र, 10. व्यवसाय, 11. दुश्मनी, 12. बर्दाश्त, 13. चलने वाला।

जो गिरते हैं गिर कर सँभल जाते हैं वो
पड़े ज़द तो बचकर निकल जाते हैं वो
हर इक साँचे में जाके ढल जाते हैं वो
जहाँ रंग बदला बदल जाते हैं वो
हर इक वक़्त का मुक़्तज़ा[1] जानते हैं
ज़माने के तेवर वो पहचानते हैं
मगर है हमारी नज़र इतनी ऊँची
कि यकसाँ है वाँ सब बलंदी व पस्ती
नहीं अब तक असलन ख़बर हम को ये भी
कि है कौन मुरदार कुतिया तरक़्क़ी
जिधर खोल कर आँख हम देखते हैं
ज़माने को अपने से कम देखते हैं

ज़माना की पैरवी

ज़माने का दिन रात है ये इशारा
कि है आश्ती[2] में मेरी याँ गुज़ारा
नहीं पैरवी जिनको मेरी गवारा
मुझे उनसे करना पड़ेगा किनारा
सदा एक ही रुख़ नहीं नाव चलती
चलो तुम उधर को हवा हो जिधर की

क़ौम की ख़राबी के आसार

चमन में हवा आ चुकी है ख़िजाँ की
फिरी है नज़र देर से बाग़बाँ की
सदा और है बुलबुले-नग़मा-ख़्वाँ की
कोई दम में रिहलत है अब गुलसिताँ की
तबाही के ख़्वाब आ रहे हैं नज़र सब
मुसीबत की है आने वाली सहर अब

1. तक़ाज़ा, 2. दोस्ती।

विपन्नता

फ़लाकत[1] जिसे कहिए उम्मुल-जरायम[2]
नहीं रहते ईमां पे दिल जिससे क़ायम
बनाती है इंसान को जो बहायम
मुसल्ली[3] हैं दिल जमअ[4] जिससे न सायम[5]
वो यूँ अहले-इस्लाम पर छा रही है
कि मुस्लिम की गोया निशानी यही है

कहीं मक्र के गुर सिखाती है हमको
कहीं झूठ की लौ लगाती है हमको
ख़यानत की चालें सुझाती है हमको
ख़ुशामद की घातें बताती है हमको
फ़ुसूँ जब ये पाती नहीं कारगर वो
तो करती है आख़िर को दरयूज़ःगर[6] वो

यहाँ जितनी क़ौमें हमारे सिवा हैं
हज़ार उनमें ख़ुश हैं तो दो बेनवा हैं
यहाँ लाख में दो अगर अग़निया हैं
तो सौ नीम-बिस्मल[7] हैं बाक़ी गदा हैं
ज़रा काम ग़ैरत को फ़रमाएँ गर हम
तो समझें कि हैं मुब्तज़िल[8] किस क़दर हम

भिखारीपन

बिगाड़े हैं गर्दिश ने जो ख़ानदानी
नहीं जानते बस कि रोटी कमानी
दिलों में है ये यकक़लम[9] सबने ठानी
कि कीजे बसर माँग कर ज़िन्दगानी
जहाँ क़द्रदानों का हैं खोज पाते
पहुँचते हैं वाँ माँगते और खाते

कहीं बाप-दादा का हैं नाम लेते
कहीं रूशनासी[10] से हैं काम लेते
कहीं झूठे वादों पे हैं दाम लेते
यूँ ही सबको दम देके हैं दाम लेते[11]

---

1. हाथ का तंग होना, 2. गुनाहों की जड़, 3. नमाज़ी, 4. निश्चिंत, 5. रोज़ा रखने वाले, 6. भिखारी, 7. अधमरे, 8. ज़लील, 9. बिलकुल, 10. चेहरा दिखाना, अपनी पहचान कराना, 11. झाँसा देकर फँसा लेते हैं।

बुज़ुर्गों के नाज़ाँ है जिस नाम पर वो
उसे बेचते फिरते हैं दरबदर वो
ये हैं ढंग उन ताज़ा आफ़तज़दों के
बहुत कम ज़माना हुआ जिनको बिगड़े
अभी एक आलम है आगाह जिनसे
कि हैं किसके बेटे वो और किसके पोते
जिन्हें देस-परदेस सब जानते हैं
हसब और नसब[1] जिनका पहचानते हैं
मगर मिट चुका जिनका नामो-निशाँ है
पुरानी हुई जिनकी अब दास्ताँ है
फ़सानों में क़िस्तों में जिनका बयाँ है
बहुत नस्ल पर तंग उनकी जहाँ है
नहीं उनकी क़द्र और पुरसिश[2] कहीं अब
उन्हें भीख तक कोई देता नहीं अब
बहुत आग चिलमों की सुलगाने वाले
बहुत घास की गठरियाँ लाने वाले
बहुत दर-ब'दर माँग कर खाने वाले
बहुत फ़ाक़े कर कर के मर जाने वाले
जो पूछो कि किस कान[3] के हैं वो जौहर
तो निकलेंगे नस्ले-मलूक[4] उनमें अक्सर
इन्हीं के बुज़ुर्ग एक दिन हुक्मराँ थे
इन्हीं के परस्तार पीरो-जवाँ थे
यही मामिने-आजिज़ों-नातवाँ[5] थे
यही मरजा[6]-ए-दीलमो[7]-इस्फ़हाँ[8] थे
यही करते थे मुल्क की गल्लाबानी[9]
इन्हीं के घरों में थी साहिबक़रानी[10]
ये ऐ क़ौमे-इस्लाम इब्रत की जा है
कि शाहों की औलाद दर दर गदा है
जिसे सुनिए इफ़लास[11] में मुब्तिला है
जिसे देखिए मुफ़लिसो-बेनवा है

1. उत्पत्ति और नस्ल, 2. पूछ, 3. खान, 4. बादशाहों की नस्ल वाले, 5. परेशान और असहाय लोगों को शान्ति प्रदान करने वाले, 6. शरण, 7. कैस्पियन सागर के दक्षिण में एक पहाड़ी स्थान जो पहले ईरान में था, 8. ईरान का एक नगर, 9. नेतृत्व, 10. बादशाहत, 11. निर्धन।

नहीं कोई उनमें कमाने के क़ाबिल
अगर हैं तो हैं माँग खाने के क़ाबिल

नहीं माँगने का तरीक़ एक ही याँ
गदाई की हैं सूरतें नित नई याँ
नहीं हिस्र[1] कँगलों पे गदियागरी[2] याँ
कोई दे तो मँगतों की है क्या कमी याँ
बहुत हाथ फैलाए ज़ेरे-रिदा[3] हैं
छुपे उजले कपड़ों में अक्सर गदा हैं

बहुत आप को कहके मस्जिद के बानी
बहुत बनके ख़ुद सय्यदे-ख़ानदानी
बहुत सीख कर नौह:-ओ-सोज़ख़्वानी[4]
बहुत मद्ह[5] में कर के रंगीं बयानी
बहुत आस्तानों[6] के ख़ुद्दाम[7] बन कर
पड़े माँगते खाते फिरते हैं दर-दर

मशक़्क़त को, मेहनत को जो आर समझें
हुनर और पेशे को जो ख़्वार समझें
तिजारत को, खेती को दुश्वार समझें
फ़िरंगी के पैसे को मुर्दार समझें
तन-आसानियाँ[8] चाहें और आबरू भी
वो क़ौम आज डूबेगी गर कल न डूबी

अमीरों की सोहबत

करें नौकरी भी तो बेइज़्ज़ती की
जो रोटी कमाएँ तो बेहुरमती की
कहीं पायें ख़िदमत तो बेइज़्ज़ती की
क़सम खाइए उनकी ख़ुशक़िस्मती की
अमीरों के बनते हैं जब ये मुसाहिब
तो जाते हैं हो कर हमीयत[9] से ताइब[10]

कहीं उनकी सोहबत में गाना बजाना
कहीं मसख़रा बन के हँसना-हँसाना
कहीं फ़ब्तियाँ कह के इनआम पाना
कहीं छेड़ कर गालियाँ सबसे खाना

---

1. सीमित, 2. भिखमंगापन, 3. चादर के नीचे, 4. मर्सिया पढ़ना, 5. प्रशंसा, 6. चौखटों, तात्पर्य—मज़ारों आदि, 7. सेवक (बहुवचन में), 8. आरामतलबी, 9. ग़ैरत, 10. तौबा करने वाला।

ये काम और भी करते हैं पर न ऐसे
मुसलमान भाई से बन आएँ जैसे

सामर्थ्यवान मुसलमान

अमीरों का आलम न पूछो कि क्या है
ख़मीर[1] उनका और उनकी तीनत[2] जुदा है
सज़ावार[3] है उनको जो नासज़ा[4] है
रवा[5] है उन्हें सबको जो नारवा[6] है
शरीअत[7] हुई है निकोनाम[8] उनसे
बहुत फ़ख़्र करता है इस्लाम उनसे
हर इक बोल पर उनके मजलिस[9] फ़िदा है
हर इक बात पर वाँ दुरुस्त और बजा है
न गुफ़्तार में उनकी कोई ख़ता है
न किरदार उनका कोई नासज़ा है
वो जो कुछ कि हैं, कह सके कौन उनको
बनाया नदीमों[10] ने फ़िरऔन[11] उनको
वो दौलत कि है माय:-ए-दीनो-दुनिया[12]
वो दौलत कि है तोश:-ए-राहे-उक़बा[13]
सुलेमाँ[14] ने की जिसकी हक़ से तमन्ना
बढ़ा जिससे आफ़ाक़ में नामे-कसरा[15]
किया जिसने हातिम[16] को मशहूरे-दौराँ
किया जिसने यूसुफ़[17] को मस्जूदे-अख़्वाँ[18]
मिला है ये फ़ख़्र[19] उसको इनकी बदौलत
कि समझी गई है वो अस्ले-शक़ावत[20]
कहीं है वो सरमाया:-ए-जह्‌लो-गफ़लत[21]
कहीं नश्श:-ए-बाद:-ए-कब्रो-नख़वत[22]
जहाँ के लिए जो कि आबे-बक़ा[23] है
वो इस क़ौम के हक़ में सम्मी[24] दवा है

---

1. बनावट, 2. प्रवृत्ति, 3. उपयुक्त, 4. अनुपयुक्त, 5. उचित, 6. अनुचित, 7. आचार संहिता, 8. नेक नाम, 9. सभा, 10. साथियों (ख़ास तौर से शराब के साथी), 11. फ़िरऔन = मिस्र का एक घमंडी बादशाह, 12. दीन और दुनिया की पूँजी, 13. आख़िरत (परलोक) के रास्ते का सामान, 14. सुलेमान, 15. कसरा = ईरान का बादशाह, 16. हातिमताई (एक प्रसिद्ध दानी), 17. यूसुफ़-ज़ुलेखा का प्रसिद्ध पात्र, जिसके भाइयों ने उसे कुएँ में डाल दिया था, 18. भाइयों ने सजदा करके जिसे सम्मानित किया, 19. सम्मान, 20. दुर्भाग्य की जड़, 21. बेसुधी और मूर्खता की पूँजी, 22. अभिमान और दम्भ की शराब का नशा, 23. अमरत्व का पानी, 24. जहरीली।

इधर मालो-दौलत ने याँ मुँह दिखाया
उधर साथ-साथ उसके इदबार[1] आया
पड़ा आके जिस घर पे सरवत[2] का साया
अमल वाँ से बरकत ने अपना उठाया
नहीं रास याँ चार पैसे किसी को
मुबारक नहीं जैसे पर चेंवटी को

समझते हैं सब ऐब जिन आदतों को
बहायम[3] से निस्बत है जिन सीरतों को
छुपाते हैं औबाश[4] जिन ख़सलतों[5] को
नहीं करते अजलाफ़[6] जिन हरकतों को
वो याँ अह्ले-दौलत को हैं शीरे-मादर[7]
न ख़ौफ़े-ख़ुदा है न शर्मे-पयम्बर

तबीअत अगर लह्वो-बाज़ी[8] पे आई
तो दौलत बहुत सी इसी में लुटाई
जो की हज़रते-इश्क़ ने रहनुमाई
तो कर दी भरे घर की दम में सफ़ाई
फिर आख़िर लगे माँगने और खाने
यूँ ही मिट गए याँ हज़ारों घराने

न आग़ाज़ पर अपने ग़ौर उनका अस्ला[9]
न अंजाम का अपने कुछ उनको खटका
न फ़िक्र उनको औलाद की तरबियत का
न कुछ ज़िल्लते-क़ौम की उनको परवा
न हक़ कोई दुनिया पे उनका न दीं पर
ख़ुदा को वो क्या मुँह दिखाएँगे जाकर

किसी क़ौम का जब उलटता है दफ़्तर
तो होते हैं मस्ख़[10] उनमें पहले तवंगर[11]
कमाल उनमें रहते हैं बाक़ी न जौहर
न अक़्ल उनकी हादी[12] न दीं उनका रहबर
न दुनिया में ज़िल्लत न इज़्ज़त की परवा
न उक़बा[13] में दोज़ख़ न जन्नत की परवा

---

1. पीठ फेरना, 2. मालदारी, 3. पशुओं, 4. शोहदे, 5. प्रवृत्ति, 6. अहमक़, 7. माँ का दूध, 8. खेल और जुआ, 9. वस्तुतः, 10. मिट जाना, 11. धनवान लोग, 12. हिदायत करने वाला, 13. आख़िरत (परलोक)।

न मज़लूम की आहो-ज़ारी से डरना
न मफ़लूक[1] के हाल पर रह्म करना
हिवा-ओ-हवस[2] में ख़ुदी से गुज़रना
तअय्युश[3] में जीना नुमाइश पे मरना
सदा ख़्वाबे-ग़फ़लत में बेहोश रहना
दमे-नज़अ[4] तक ख़ुदफ़रामोश रहना

परीशां अगर क़हत[5] से इक जहाँ है
तो बेफ़िक्र हैं क्योंकि घर में समाँ[6] है
अगर बाग़े-उम्मत में फ़स्ले-ख़िज़ाँ है
तो ख़ुश हैं कि अपना चमन गुलिफ़शाँ[7] है
बनी नौए-इंसाँ[8] का हक़ उन पे क्या है
वो इक नौअ[9] नौ-ए-बशर से जुदा है

कहाँ बन्दगाने-ज़लील[10] और कहाँ वो
बसर करते हैं बे-ग़मे-क़ूतो-नाँ[11] वो
पहनते नहीं जुज़[12] समूरो[13] किताँ[14] वो
मकाँ रखते हैं रश्के-ख़ुल्दे-जिनाँ[15] वो
नहीं चलते वो बेसवारी क़दम भर
नहीं रहते बेनग़मः-ओ-साज़ दम भर

कमरबस्तः[16] हैं लोग ख़िदमत में उनकी
गुलो-लालः रहते हैं सोहबत में उनकी
नफ़ासत भरी है तबीअत में उनकी
नज़ाकत सौ दाख़िल है आदत में उनकी
दवाओं में मुश्क उनकी उठता है ढेरों
वो पोशाक में अत्र मलते हैं सेरों

ये हो सकते हैं उनके हमजिंस[17] क्योंकर
नहीं चैन जिनको ज़माने से दम भर
सवारी को घोड़ा न ख़िदमत को नौकर
न रहने को घर और न सोने को बिस्तर
पहनने को कपड़ा न खाने को रोटी
जो तदबीर उल्टी तो तक़दीर खोटी

1. दुर्दशाग्रस्त, 2. ईर्ष्या और लोभ, 3. ऐयाशी, 4. मौत का वक़्त (मरते दम), 5. अकाल, 6. सामान, 7. फूल खिले हैं, 8. मानव जाति, 9. प्राणी, 10. ज़िल्लत भोगने वाले लोग, 11. रोज़ी-रोटी के दुख से रहित, 12. सिवाय, 13. एक जानवर की खाल, 14. एक प्रकार का बारीक कपड़ा, 15. जिस पर जन्नत के रश्क़ हो, 16. कमर बाँधे हुए, तैयार, 17. अपनी नस्ल के।

ख़ल्क़ुल्लाह[1] की मुहब्बत

ये पहला सबक़ था किताबे-हुदा[2] का
कि है सारी मख़लूक़ कुनबा ख़ुदा का
वही दोस्त है ख़ालिक़े-दूसरा का
ख़लाइक़[3] से है जिसको रिश्ता विला का
यही है इबादत यही दीनो-ईमाँ
कि काम आये दुनिया में इंसाँ के इंसाँ

अमल जिनका है इस कलामे-मतीं[4] पर
वो सरसब्ज़ हैं आज रूए-ज़मीं पर
तफ़व्वुक़[5] है उनको कहीनो-महीं[6] पर
मदार[7] आदमीयत का है अब उन्हीं पर
शरीअत के जो हमने पैमान[8] तोड़े
वो ले जाके सब अह्ले-मग़्रिब[9] ने जोड़े

यूरोप वालों की हमदर्दी*

समझते हैं गुमराह जिनको मुसलमाँ
नहीं जिनको उक़्बा[10] में उम्मीदे-ग़ुफ़राँ[11]
न हिस्से में फ़िरदौस[12] जिनके न रिज़वाँ[13]
न तक़दीर में हूर[14] जिनके न ग़िलमाँ[15]
पस अज़-मर्ग[16] दोज़ख़ ठिकाना है जिनका
हमीम-आबो[17]-ज़क़्क़ूम[18] खाना है जिनका

वो मुल्क और मिल्लत पे अपनी फ़िदा हैं
सब आपस में एक इक के हाजतरवा[19] हैं
अव्वलुलइल्म[20] हैं उनमें या अग़निया[21] हैं
तलबगारे-बहबूदे-ख़ल्के-ख़ुदा[22] हैं
ये तमग़ा था गोया कि हिस्सा उन्हीं का
कि हुब्बुलवतन[23] है निशाँ मोमिनीं[24] का

---

1. ईश्वरीय सृष्टि, 2. हिदायत देने वाली किताब, तात्पर्य है : क़ुरआन शरीफ़, 3. सारी मख़लूक (समस्त प्राणी), 4. ठोस वाणी अर्थात् क़ुरआन शरीफ़, 5. श्रेष्ठता, 6. लघु और अणु, 7. निर्भरता, 8. वादे, 9. पश्चिम (अर्थात् यूरोप) वालों, 10. आख़िरत, क़यामत के बाद का पुनर्जीवन, 11. मोक्ष की आशा, 12-13; जन्नत के बाग़, 14-15. जन्नत में प्राप्य सुन्दर स्त्री और पुरुष, 16. मरने के बाद, 17. गर्म पानी, 18. दोज़ख़ियों का खाना, 19. एक-दूसरे की ज़रूरतों को पूरा करने वाले, 20. ज्ञान में सर्वोत्तम, 21. सम्पन्न, 22. ईश्वरीय सृष्टि का कल्याण चाहने वाले, 23. देश-प्रेम, 24. ईमान वालों।

* परस्पर मेल-मिलाप

अमीरों की दौलत, ग़रीबों की हिम्मत
अदीबों की इंशा[1], हकीमों की हिकमत
फ़सीहों[2] के ख़ुत्बे[3], शुजाओं[4] की जुरअत[5]
सिपाही के हथियार, शाहों की ताक़त
दिलों की उमीदें, उमंगों की ख़ुशियाँ
सब अह्ले-वतन और वतन पर हैं क़ुरबाँ

हमदर्दी का नतीजा

उरूज उनका जो तुम अयाँ देखते हो
जहाँ में उन्हें कामराँ देखते हो
मुतीअ[6] उनका सारा जहाँ देखते हो
उन्हें बरतर अज़-आसमाँ देखते हो
ये समरे[7] हैं उनकी जवाँमर्दियों के
नतीजे हैं आपस की हमदर्दियों के

ग़नी[8] हममें हैं जो कि अरबाबे-हिम्मत
मुसल्लम है आलम में जिनकी सख़ावत[9]
अगर है मशायख़[10] से उनको अक़ीदत
तो है पीरज़ादों में वक़्फ़ उनकी दौलत
निकम्मे हैं दिन रात वाँ ऐश करते
प:' नौकर हैं जितने वो भूखे हैं मरते

हिम्मतवाले मुसलमान दौलतमन्द

अमल वाइज़ों के अगर क़ौल पर है
तो बख़्शिश की उम्मीद बेसर्फ़े-ज़र है
नमाज़ और रोज़ा की आदत अगर है
तो रोज़े-हिसाब उनको फिर किसका डर है
अगर शह्र में कोई मस्जिद बना दी
तो फ़िरदौस में नीव अपनी जमा दी

इमारत की बुनियाद ऐसी उठानी
न निकले कहीं मुल्क में जिसका सानी
तमाशों में सरवत[11] बड़ों की लुटानी
नुमाइश में दौलत ख़ुदा की लुटानी

1. लेखन, 2. उपदेशकों, 3. भाषण, 4. वीरों, 5. दुस्साहस, 6. इताअत करने वाला, 7. फल (बहुवचन में), 8. सम्पन्न, 9. दानप्रियता, 10. पीर या सूफ़ी संत, 11. धनाढ्यता।

छठी-ब्याह में करने लाखों के सामाँ
ये हैं उनकी ख़ुशियाँ, ये हैं उनके अरमाँ

दीन इस्लाम की हालत

मगर दीने-बरहक़[1] का बोसीद:[2] ऐवाँ[3]
तज़लज़ल[4] में मुद्दत से हैं जिसके अरकाँ[5]
ज़माने में है जो कोई दिन का मेहमाँ
न पाएँगे ढूँढ़े जिसे फिर मुसलमाँ
अज़ीज़ों ने उससे तवज्जो: उठा ली
इमारत का है उसकी अल्लाह वाली

अल्लाह वालों का अकाल

पड़ी हैं सब उजड़ी हुई ख़ानक़ाहें
वो दरवेशो-सुल्ताँ की उम्मीदगाहें
खुली थीं जहाँ इल्मे-बातिन[6] की राहें
फ़रिश्तों की पड़ती थीं जिन पर निगाहें
कहाँ हैं वो जज़्बे-इलाही के फंदे
कहाँ हैं वो अल्लाह के पाक बन्दे

धार्मिक विद्वानों का अकाल

वो इल्मे-शरीअत के माहिर किधर हैं
वो अख़बारे-दीं के मुबस्सिर[7] किधर हैं
उसूली[8] किधर हैं मुनाज़िर किधर हैं
मुहद्दिस कहाँ हैं मुफ़स्सिर[9] किधर हैं
वो मजलिस जो कल सरबसर थी चराग़ाँ
चराग़ अब कहीं टिमटिमाता नहीं वाँ
मदारिस वो तालीमे-दीं के कहाँ हैं
मराहिल वो इल्मो-यक़ीं के कहाँ हैं
वो अरकाने शरअ-ए-मतीं के कहाँ हैं
वो वारिस रसूले-अमीं के कहाँ हैं
रहा कोई उम्मत का मल्जा[10], न मावा[11]
न क़ाज़ी, न मुफ़्ती, न सूफ़ी, न मुल्ला

---

1. सच्चा धर्म, 2. ध्वस्त, 3. महल, 4. तिरस्कार, 5. क्रियाकलाप, 6. अन्तर्ज्ञान, 7. विवेकवान, 8. सिद्धान्तकार, 9. भाष्यकार, 10. सुरक्षा का स्थान, 11. तत्त्व।

धार्मिक ग्रंथों का अकाल

कहाँ हैं वो दीनी किताबों के दफ़्तर
कहाँ हैं वो इल्मे-इलाही के मंज़र
चली ऐसी इस बज़्म में बादे-सरसर[1]
बुझीं मशअलें नूरे-हक़ की सरासर
रहा कोई सामाँ न मजलिस में बाक़ी
सुराही न तंबूर, मुतरिब न साक़ी

ज्ञान के दावेदार

बहुत लोग बन कर हवाख़्वाहे-उम्मत
सफ़ीहों से मनवा के अपनी फ़ज़ीलत
सदा गाँव-दर-गाँव नौबत-ब-नौबत
पड़े फिरते हैं करते तहसीले-दौलत[2]
ये ठहरे हैं इस्लाम के रहनुमा अब
लक़ब उनका है वारिसे-अंबिया अब

फ़क़ीरी के दावेदार

बहुत लोग पीरों की औलाद बन कर
नहीं ज़ाते-वाला[3] में कुछ जिनकी जौहर
बड़ा फ़ख़्र है जिनको ले दे के इस पर
कि थे उनके अस्लाफ़[4] मक़बूले-दावर[5]
करिश्मे हैं जा जा के झूठे दिखाते
मुरीदों को हैं लूटते और खाते
ये हैं जाद:-पैमाये-राहे-तरीक़त[6]
मुक़ाम इनका है मावराए-शरीअत[7]
इन्हीं पर है ख़त्म आज कश्फ़ो-करामत[8]
इन्हीं के है क़ब्ज़े में बन्दों की क़िस्मत
यही हैं मुराद और यही हैं मुरीद अब
यही हैं 'जुनैद' और यही 'बायज़ीद'* अब

---

1. तूफ़ान, 2. दौलत वसूलते हैं, 3. हक़ीक़त, 4. पूर्वज, 5. श्रेष्ठजन, 6. तसव्वुफ़ की राह पर चलने वाले, 7. आचार संहिता से उच्चतर 8. रहस्यों का ज्ञान।

* सत्ताईसवीं पंक्ति में '–' जुनैद और बायज़ीद : दो मशहूर सूफ़ी संत।

युगीन विद्वज्जन

बढ़े जिससे नफ़रत वो तक़रीर करनी
जिगर जिससे शक़[1] हों वो तहरीर करनी
गुनहगार बन्दों की तहक़ीर[2] करनी
मुसलमान भाई की तकफ़ीर[3] करनी
ये है आलिमों का हमारे तरीक़ा
ये है हादियों[4] का हमारे सलीक़ा

कोई मसअला पूछने उनसे जाए
तो गर्दन पे बारे-गराँ[5] लेके आए
अगर बदनसीबी से शक उसमें लाए
तो क़तई ख़िताब अहले-दोज़ख़ का पाए
अगर ऐतराज़ उसकी निकला ज़बाँ से
तो आना सलामत है दुश्वार वाँ से

कभी वो गले की रगें हैं फुलाते
कभी झाग पर झाग हैं मुँह में लाते
कभी ख़ोक[6] और सग[7] हैं उसको बताते
कभी मारने को असा[8] हैं उठाते
सुतूँ-चश्म-बद-दूर हैं[9] आप दीं के
नमूना हैं ख़ल्क़े-रसूले-अमीं[10] के

जो चाहे कि ख़ुश उनसे मिलकर हो इंसाँ
तो है शर्त वो क़ौम का हो मुसलमाँ
निशाँ सजदः का हो जबीं[11] पर नुमायाँ
तशर्रोअ[12] में उसके न हो कोई नुक़साँ
लबें[13] बढ़ रही हों न दाढ़ी चढ़ी हो
इज़ार[14] अपनी हद से न आगे बढ़ी हो

अक़ाइद[15] में हज़रत का हम-दासताँ हो
हर इक अस्ल में, फ़र्अ में[16] हमज़बाँ हो
हरीफ़ों[17] से उनके बहुत बदगुमाँ हो
मुरीदों का उनके बड़ा मद्हख़्वाँ[18] हो

---

1. टूटना, फटना, 2. भर्त्सना, 3. काफ़िर ठहराना, 4. हिदायत करने वालों, 5. भारी बोझ, 6. सूअर, 7. कुत्ता, 8. डंडा, 9. ऐसा स्तम्भ, जिसे बुरी नज़र न लगे, 10. शान्तिदूत, 11. मस्तक, 12. आचार संहिता का पालन, 13. मूँछों के बाल, जो होंठों पर से कुतर दिए जाते हैं, 14. पाजामा, 15. आस्थाओं, 16. अस्ल और फ़र्अ = अर्थात् बुनियादी मसला और मामूली मसला, 17. विरोधियों, 18. प्रशंसक।

गर ऐसा नहीं है तो मरदूदे-दीं[1] है
बुज़ुर्गों से मिलने के क़ाबिल नहीं है

शरीअत के अहकाम थे वो गवारा
कि शैदा थे उन पर यहूद और नसारा[2]
गवाह उनकी नरमी का क़ुरआँ है सारा
ख़ुद 'अद्दीनु युसरुन'* नबी ने पुकारा
मगर याँ किया ऐसा दुश्वार उनको
कि मोमिन समझने लगे बार उनको

न की उनकी अख़लाक़[3] में रहनुमाई
न बातिन[4] में की उनके पैदा सफ़ाई
प:' अहकामे-ज़ाहिर[5] की लय ये बढ़ाई
कि होती नहीं उनसे दम भर रिहाई
वो दीं जो कि चश्म: था ख़ल्के-नकू[6] का
किया क़ुल्लतीं[7] उसको ग़ुस्लो-वज़ू का

अनुकरण

सदा अह्ले-तहक़ीक़[8] से दिल में बल[9] है
हदीसों पे चलने में दीं का ख़लल है
फ़तावों[10] पे बिलकुल मदारे-अमल है
हर इक राय क़ुरआँ का ने'मुल-बदल[11] है
किताब और सुन्नत का है नाम बाक़ी
ख़ुदा और नबी से नहीं काम बाक़ी

मुहाल-पसन्दी**

जहाँ मुख़्तलिफ़ हों रवायात बाहम
कभी हों न सीधी रवायत से ख़ुश हम
जिसे अक़्ल रक्खे न हरगिज़ मुसल्लम
उसे हर रवायत से समझें मुक़द्दम[12]

---

1. धर्म की ओर से दुत्कारा हुआ, 2. ईसाई, 3. आचार-व्यवहार, 4. अन्तरतम, 5. प्रकट व्यवहार, 6. सद् व्यवहार, 7. पानी नापने का पैमाना। (किसी तालाब में अगर दो पैमाने के बराबर पानी हो तो वह वज़ू के लिए जायज़ समझा जाता है।), 8. शोधकर्ता, 9. नफ़रत, 10. फ़तवों, 11. बेहतरीन बदला, 12. सर्वोच्च।

* छठी पंक्ति '–' दीन आसान है।

** बाईसवीं पंक्ति—मुश्किल-पसन्दी।

सब उसमें गिरफ़्तार छोटे बड़े हैं
समझ पर हमारी ये पत्थर पड़े हैं

शिर्क और तौहीद का दावा

करे ग़ैर गर बुत की पूजा तो काफ़िर
जो ठहराए बेटा ख़ुदा का तो काफ़िर
झुके आग पर बह्‌रे-सज्द: तो काफ़िर
कवाकिब में माने करिश्म: तो काफ़िर
मगर मोमिनों पर कुशाद: हैं राहें
परस्तिश करें शौक़ से जिसकी चाहें
नबी को जो चाहें ख़ुदा कर दिखाएँ
इमामों का रुतबा नबी से बढ़ाएँ
मज़ारों पे दिन-रात नज़्रें चढ़ाएँ
शहीदों से जा जा के माँगें दुआएँ
न तौहीद में कुछ ख़लल इससे आए
न इस्लाम बिगड़े न ईमान जाए
वो दीं जिससे तौहीद फैली जहाँ में
हुआ जलव:गर हक़ ज़मीनो-ज़माँ में
रहा शिर्क बाक़ी न वह्‌मो-गुमाँ में
वो बदला गया आ के हिस्दोस्ताँ में
हमेशा से इस्लाम था जिसपे नाज़ाँ
वो दौलत भी खो बैठे आख़िर मुसलमाँ

तअस्सुब*

तअस्सुब कि है दुश्मने-नौए-इंसाँ
भरे घर किए सैकड़ों जिसने वीराँ
हुई बज़्मे-'नमरूद'[1] जिससे परीशाँ
किया जिस ने 'फ़िरऔन'[2] को नज़्रे-तूफ़ाँ

1. नमरूद : हज़रत इब्राहीम को आग के अलाव में डालने वाला बादशाह, 2. फ़िरऔन : ख़ुदाई का दावा करने वाला मिस्र का बादशाह।

* भेदभाव, साम्प्रदायिकता।

गया जोश में 'बूलहब'[1] जिसके खोया
'अबू जह्ल'[2] का जिसने बेड़ा डुबोया
वो याँ इक अजब भेस में जल्व:गर है
छिपा जिसके पर्दे में उसका ज़रर[3] है
भरा ज़ह्र जिस जाम में सरबसर है
वो आबे-बक़ा[4] हमको आता नज़र है
तअस्सुब को इक ज़ुज़्वे-दीं समझे हैं हम
जहन्नुम को ख़ुल्दे-बरीं[5] समझे हैं हम
हमें वाइज़ों ने ये तालीम दी है
कि जो काम दीनी है या दीनवी है
मुख़ालिफ़ की रीस उसमें करनी बुरी है
निशाँ ग़ैरते-दीने-हक़ का यही है
मुख़ालिफ़ की उल्टी हर इक बात समझो
वो दिन को कहे दिन तो तुम रात समझो
क़दम गर रहे-रास्त पर उसका पाओ
तो तुम सीधे रस्ते से कतरा के जाओ
पड़ें उसमें जो दिक़्क़तें वो उठाओ
लगें जिस क़दर ठोकरें उसमें खाओ
जो निकले जहाज़ उसका बच कर भँवर से
तो तुम डाल दो नाव अन्दर भँवर के
अगर मस्ख़[6] हो जाए सूरत तुम्हारी
बहाइम[7] में मिल जाए सीरत तुम्हारी
बदल जाए बिलकुल तबीअत तुम्हारी
सरासर बिगड़ जाए हालत तुम्हारी
तो समझो कि है हक़ की इक शान ये भी
है इक जल्व:-ए-नूर-ए-ईमान ये भी
न औज़ाअ[8] में तुमसे निस्बत किसी को
न अख़लाक़ में तुमपे सबक़त[9] किसी को
न हासिल ये खानों में लज़्ज़त किसी को
न पैदा ये पोशिश[10] ये ज़ीनत किसी को

1. बूलहब : ह. मुहम्मद साहब का चचा, लेकिन शत्रु, 2. अबू जह्ल : क़ुरैश क़बीले का सरदार, जो ह. मुहम्मद साहब का सबसे बड़ा दुश्मन था, 3. नुक़सान, 4. अमरत्व का पानी, 5. जन्नत, 6. बिगड़ जाना, 7. पशुता, 8. तौर-तरीक़े, 9. श्रेष्ठता, 10. लिबास।

तुम्हें फ़ज़्ल हर इल्म में बरमला[1] है
तुम्हारी जहालत में भी एक अदा है
कोई चीज़ समझो न अपनी बुरी तुम
रहो बात को अपनी करते बड़ी तुम
हिमायत में हो जबकि इस्लाम की तुम
तो हर हर बदी और गुनह से बरी तुम
बदी से नहीं मोमिनों को बज़र्रत[2]
तुम्हारे गुनह और न औरों की ताअत[3]

मुख़ालिफ़ का अपने अगर नाम लीजे
जो ज़िक्र उसका ज़िल्लत से ख़्वारी से कीजे
कभी भूल कर तर्‌ह उसमें न दीजे
क़यामत को देखोगे उसके नतीजे
गुनाहों से होते हो गोया मुबर्रा[4]
मुख़ालिफ़ पे करते हो जब तुम तबर्रा[5]

न 'सुन्नी'* में और 'जा'फ़री' में हो उल्फ़त
न 'नो'मानी'-ओ-'शाफ़ई' में हो मिल्लत
'वहाबी' से 'सूफ़ी' की कम हो न नफ़रत
मुक़ल्लिद[6] करे नामुक़ल्लिद पे लानत
रहे अह्‌ले-क़िब्ला में जंग ऐसी बाहम
कि दीने-ख़ुदा पर हंसे सारा आलम

करे कोई इस्लाह का गर इराद:
तो शैतान से उसको समझो ज़ियाद:
जिसे ऐसे मुफ़्सिद[7] से है इस्तेफ़ाद:[8]
रहे-हक़ से है बरतरफ़ उसका जाद:[9]
शरीअत को करते हैं बरबाद दोनों
हैं मरदूद शागिर्दो-उस्ताद दोनों

---

1. खुला हुआ, 2. नुंक़सान, 3. भक्ति, 4. पाक, 5. लानत भेजना, ताना देना, 6. अनुकरणकर्ता, 7. बिगाड़ पैदा करने वाला, 8. लाभ, 9. पगडंडी।

* पन्द्रहवीं से सत्रहवीं पंक्ति में '—' : मुस्लिम समाज के विभिन्न समुदाय।

मुसलमानों के संयुक्त प्रयास

वो दीं जिसने उल्फ़त की बुनियाद डाली
किया तबए-दौराँ[1] को नफ़रत से ख़ाली
बनाया अजानिब[2] को जिसने मवाली[3]
हर इक क़ौम के दिल से नफ़रत निकाली
अरब और हब्श, तुर्को-ताजीको-दीलम[4]
हुए सारे शीरो-शकर मिल के बाहम

साम्प्रदायिक अलगाव

तअस्सुब ने उस साफ़ चश्मे को आकर
किया बुग़्ज़ के ख़ारो-ख़स[5] से मुकद्दर[6]
बने ख़स्म[7] जो थे अज़ीज़ और बिरादर
निफ़ाक़ अहले-क़िब्ला में फैला सरासर
नहीं दस्तयाब ऐसे अब दो मुसलमाँ
कि हो एक को देख कर एक शादाँ

इस्लाम का फ़र्ज़

हमारा ये हक़ था कि सब यार होते
मुसीबत में यारों के ग़मख़्वार होते
सब इक इक के बाहम मददगार होते
अज़ीज़ों के ग़म में दिल-अफ़गार[8] होते
जब उल्फ़त में यूँ होते साबित क़दम हम
तो कह सकते अपने को ख़ैरुल-उमम[9] हम

तफ़र्के का नतीजा

अगर भूलते हम न क़ौले-पयम्बर
कि हैं सब मुसलमान बाहम बिरादर
बिरादर है जब तक बिरादर का यावर[10]
मुईन[11] उसका है ख़ुद ख़ुदावन्दे-दावर

---

1. युग का स्वभाव, 2. अजनबी (बहुवचन में), 3. 'मौला' का बहुवचन, तात्पर्य है : मित्र, 4. क़ौमों के नाम हैं, 5. काँटे और घास, झाड़-झंखाड़, 6. गंदा, 7. शत्रु, 8. ग़मगीन, 9. उम्मतों (अनुयायियों) में सर्वोत्तम, 10. हिमायत करने वाला, 11. मददगार।

तो आती न बेड़े पे अपनी तबाही
फ़क़ीरी में भी करते हम बादशाही

सहमति का फल

वो घर जिसमें दिल हों मिले सबके बाहम
ख़ुशी नाख़ुशी में हों सब यारो-हमदम
अगर एक ख़ुशदिल तो घर सारा ख़ुर्रम[1]
अगर एक ग़मगीं तो दिल सबके पुरग़म
मुबारक है उस क़स्रे-शाहंशही[2] से
जहाँ एक दिल हो मुकद्दर किसी से

अह्ले-इस्लाम का व्यवहार

अगर हो मदार उसपे तहक़ीक़े-दीं का
कि है दीन वालों का बर्ताव कैसा
खरा उनका बाज़ार है या कि खोटा
है क़ौलो-क़रार उनका झूठा कि सच्चा
तो ऐसे नमूने बहुत शाज़[3] हैं याँ
कि इस्लाम पर जिनसे क़ाइम हो बुर्हाँ[4]
मजालिस में ग़ीबत[5] का ज़ोर इस क़दर है
कि आलूद:[6] उस ख़ून में हर बशर है
न भाई को भाई से याँ दरगुज़र है
न मुल्ला को सूफ़ी को इससे हज़र[7] है
अगर नशश:-ए-मय हो ग़ीबत में पिन्हाँ
तो हुशियार पाये न कोई मुसलमाँ

ईर्ष्या और दम्भ

जिन्हें चार पैसे का मक़दूर[8] है याँ
समझते नहीं हैं वो इंसाँ को इंसाँ
मुवाफ़िक़[9] नहीं जिनसे अय्यामे-दौराँ[10]
नहीं देख सकते किसी को वो शादाँ

---

1. प्रसन्न, 2. शाही महल, 3. कम, 4. दलील, 5. पर निन्दा, 6. लिथड़ा हुआ, 7. परहेज़, 8. क्षमता, 9. अनुकूल, 10. युगीन समय।

नशे में तकब्बुर[1] के है चूर कोई
हसद[2] के मरज़ में है रंजूर कोई
अगर मर्जए-ख़ल्क[3] है एक भाई
नहीं ज़ाहिरन जिसमें कोई बुराई
भला जिसको कहती है सारी ख़ुदाई
हर इक दिल में अज़मत है जिसकी समाई
तो पड़ती हैं उस पर निगाहें ग़ज़ब[4] की
खटकता है काँटा सा आँखों में सब की

ज्ञान के प्रकाश का अभाव

बिगड़ता है जब क़ौम में कोई बन कर
अभी बख़्तो-इक़बाल थे जिसके यावर
अभी गर्दनें झुकती थीं जिसके दर पर
मगर कर दिया अब ज़माने ने बे पर
तो ज़ाहिर में कुढ़ते हैं पर ख़ुश हैं जी में
कि हमदर्द हाथ आया इक मुफ़लिसी में

इंद्रियों की अपवित्रता

अगर इक जवाँ मर्द हमदर्दे-इंसाँ
करे क़ौम पर दिल से जान अपनी क़ुर्बां
तो ख़ुद क़ौम उस पर लगाए यह बुह्ताँ[5]
कि है उसकी कोई ग़रज़ इसमें पिन्हाँ[6]
वगरना पड़ी क्या किसी को किसी की
ये चालें सरासर हैं ख़ुदमतलबी[7] की

षड्यंत्र

निकाले गर उनकी भलाई की सूरत
तो डालें जहाँ तक बने उसमें खंडत
सुनें कामयाबी में गर उसकी शोहरत
तो दिल से तराशें कोई ताज़ा तोहमत
मुँह अपना हो गर दीनो-दुनिया में काला
न हो एक भाई का पर बोलबाला

---

1. दम्भ, 2. ईर्ष्या, 3. जिसकी तरफ़ लोगों का ध्यान हो, 4. क्रोध, 5. मिथ्या आरोप, 6. निहित, 7. स्वार्थ।

अगर पाते हैं दो दिलों में सफ़ाई
तो हैं डालते उनमें तर्हे-जुदाई
ठनी दो गिरोहों में जिस दम लड़ाई
तो गोया तमन्ना हमारी बर आई
बस इससे नहीं मशग़ला[1] ख़ूब कोई
तमाशा नहीं ऐसा मरग़ूब[2] कोई

बदनामी व रुसवाई

तग़ल्लुब[3] में, बदनीयती में, दग़ा में
नमूद[4] और बनावट, फ़रेब और रिया[5] में
सआइत[6] में, बुहतान[7] में, अफ़तरा[8] में
किसी बज़्मे-बेगान:-ओ-आशना में
न पाओगे रुस्वा-ओ-बदनाम हमसे
बढ़े क्यों न फिर शाने-इस्लाम हमसे

ख़ुशामद

ख़ुशामद में हमको वो क़ुदरत है हासिल
कि इंसाँ को हर तर्ह करते हैं माइल[9]
कहीं अहमक़ों को बनाते हैं आक़िल
कहीं होशियारों को करते हैं ग़ाफ़िल
किसी को उतारा किसी को चढ़ाया
यूँ ही सैकड़ों को असामी बनाया

अनर्गल और अतिशयोक्ति

रवायात[10] पर हाशिया इक चढ़ाना
क़सम झूठे वादों पे सौ बार खाना
अगर मद्ह[11] करना तो हद से बढ़ाना
मज़म्मत पे आना तो तूफ़ाँ उठाना
ये है रोज़मर्रा का याँ उनका उन्वाँ
फ़साहत में बेमिस्ल हैं जो मुसलमाँ

1. तफ़रीह, 2. प्रिय, 3. दूसरों पर हावी होना, 4. दिखावा, 5. धोखा, 6. चुग़लखोरी, 7. आरोप, 8. तोहमत, 9. ध्यानाकर्षित, 10. परम्परा, चलन, 11. प्रशंसा।

ख़ुदपसंदी

उसे जानते हैं बड़ा अपना दुश्मन
हमारे करे ऐब जो हमपे रौशन
नसीहत से नफ़रत है नासेह[1] से अनबन
समझते हैं हम रहनुमाओं को रहज़न
यही ऐब है सबको खोया है जिसने
हमें नाव भरके डुबोया है जिसने

ख़लीफ़ाओं की इंसाफ़पसंदी

वो अह्‌दे-हुमायूँ[2] जो ख़ैरुल-क़रूँ[3] था
ख़िलाफ़त का जब तक कि क़ाइम सुतूँ था
नबूवत का साया अभी रहनमूँ था
समाँ ख़ैरो-बरकत का हरदम फ़ज़ूँ[4] था
अदालत[5] के ज़ेवर से थे सब मुज़य्यन[6]
फला और फूला था अहमद[7] का गुलशन
सआदत[8] बड़ी उस ज़माने की ये थी
कि झुकती थी गर्दन नसीहत पे सब की
न करते थे ख़ुद क़ौले-हक़ से ख़मोशी
न लगती थी हक़ की उन्हें बात कड़वी
ग़ुलामों से हो जाते थे बन्द आक़ा
ख़लीफ़ा से लड़ती थी एक एक बुढ़िया[9]
नबी ने कहा था उन्हें फ़ख़्रे-उम्मत
जिन्हें ख़ुल्द की मिल चुकी थी बशारत
मुसल्लम थी आलम में जिनकी अदालत
रहा मुफ़्तख़िर[10] जिनसे तख़्ते-ख़िलाफ़त
वो फिरते थे रातों को छुप छुप के दर दर
कि शरमाएँ अपना कहीं ऐब सुन कर

---

1. नसीहत करने वाला, 2. सौभाग्य का दौर, 3. सर्वश्रेष्ठ सदी, 4. ज़्यादा, 5. इंसाफ़, 6. अलंकृत, 7. ह. मुहम्मद, 8. ख़ुशनसीबी, 9. एक बार हज़रत उमर ज़्यादा मुह्‌र बाँधने को मना कर रहे थे कि एक बुढ़िया ने खड़े होकर क़ुरआन की आयत पढ़ी और कहा : ख़लीफ़ा होकर क़ुरआन को नहीं समझता। ह. उमर ने कहा : उम्र से सबका इल्म ज़्यादा है। यहाँ तक कि बुढ़ियों का भी, 10. गर्व करने वाला।

मगर हम कि हैं दामो-दद[1] हमसे बेहतर
न ज़ाहिर कहीं हम में ख़ूबी न मुज़्मर[2]
न अक़रानो-अमसाल[3] में हम मुवक़्क़र[4]
न अजदादो-अस्लाफ़[5] के हम में जौहर
नसीहत से ऐसा बुरा मानते हैं
कि गोया हम अपने को पहचानते हैं

नबूवत न गर ख़त्म होती अरब पर
कोई हम पे मबऊस[6] होता पयम्बर
तो है जैसे मज़कूर क़ुरआँ के अन्दर
ज़िलालत[7] यहूद और नसारा की अक्सर
यूँ ही जो किताब उस पयम्बर पे आती
वो गुमराहियाँ सब हमारी जताती

धार्मिक ज्ञान का अभाव

हुनर हममें जो हैं वो मालूम हैं सब
उलूम और कमालात मादूम[8] हैं सब
चलन और अतवार[9] मज़मूम[10] हैं सब
फ़राग़त से दौलत से महरूम हैं सब
जहालत नहीं छोड़ती साथ दम भर
तअस्सुब नहीं बढ़ने देता क़दम भर

हुकूमत व फ़लसफ़ा

वो तक़वीमे-पारीन:[11] यूनानियों की
वो हिकमत कि है एक धोखे की टट्टी
यक़ीं जिसको ठहरा चुका है निकम्मी
अमल ने जिसे कर दिया आके रद्दी
उसे 'वही'[12] से समझे हैं हम ज़ियाद:
कोई बात उसमें नहीं कम ज़ियाद:

---

1. चरिन्द और परिन्द, 2. छुपा हुआ, 3. समकालीन और अपने जैसे, 4. सम्मानित, 5. बाप-दादा, पूर्वज, 6. भेजा जाना, 7. गुमराही, 8. ग़ायब, 9. आचरण, 10. निन्दनीय, 11. पुराना कैलेंडर, 12. ईश्वरीय वाणी।

'ज़बूर' और 'तौरेत' 'इंजीलो-क़ुरवाँ'
बिलअजमाअ[1] हैं क़ाबिले-नस्ख़ो-निसियाँ[2]
मगर लिख गए जो उसूल अह्ले-यूनाँ
नहीं नस्ख़ो-तब्दील का उनमें इमकाँ[3]
नहीं मिटते जब तक कि आसारे-दुनिया
मिटेगा कभी कोई शोशा[4] न उनका

नताइज हैं जो मग़्रिबी इल्मो-फ़न के
वो हैं हिन्द में जल्व:गर सौ बरस से
तअस्सुब ने लेकिन ये डाले हैं पर्दे
कि हम हक़ का जलव: नहीं देख सकते
दिलों पर हैं नक़्श अह्ले-यूनाँ की राहें
जो अब 'वही' उतरे तो ईमाँ न लाएँ

अब इस फ़लसफ़े पर जो हैं मरने वाले
शिफ़ा और मुजस्ती[5] के दम भरने वाले
अरस्तू की चौखट पे सर धरने वाले
फ़लातून की इक़्तिदा[6] करने वाले
वो तेली के कुछ बैल से कम नहीं हैं
फिरे उम्र भर और जहाँ थे वहीं हैं

वो जब कर चुके ख़त्म तहसीले-हिकमत[7]
बँधी सर पे दस्तारे-इल्मो-फ़ज़ीलत[8]
अगर रखते हैं कुछ तबीअत में जूदत[9]
तो है उनकी सबसे बड़ी ये लियाक़त
कि गर दिन को वो रात कह दें ज़बाँ से
तो मनवा के छोड़ें उसे इक जहाँ से

सिवा इसके जो आए उसको पढ़ा दें
उन्हें जो कुछ आता है उसको बता दें
वो सीखे हैं जो बोलियाँ सब सिखा दें
मियाँ मिट्ठू अपने सा उसको बना दें
ये ले दे के है इल्म का उनके हासिल
इसी पर है फ़ख़्र उनको बैनुल-अमासिल[10]

---

1. पूरे समूह की रज़ामन्दी से, 2. रद्द करने और भूल जाने योग्य, 3. आशा, 4. अक्षर का सिरा, 5. चिकित्सा विज्ञान की पुस्तकें, 6. पैरवी, 7. हिकमत की प्राप्ति, 8. ज्ञान और विद्वत्ता की पगड़ी, 9. बुद्धि, 10. अपने ही जैसे लोगों के दरम्यान।

न सरकार में काम पाने के क़ाबिल
न दरबार में लब हिलाने के क़ाबिल
न जंगल में रेवड़ चराने के क़ाबिल
न बाज़ार में बोझ उठाने के क़ाबिल
न पढ़ते तो सौ तरह खाते कमा कर
वो खोये गए और तालीम पा कर
जो पूछो कि हज़रत ने जो कुछ पढ़ा है
मुराद आपकी उसके पढ़ने से क्या है
मफ़ाद उसमें दुनिया का या दीन का है
नतीजा कोई या कि इसके सिवा है
तो मजज़ूब[1] की तरह सब कुछ बकेंगे
जवाब इसका लेकिन न कुछ दे सकेंगे
न हुज्जत[2] रिसालत पे ला सकते हैं वो
न इस्लाम का हक़ जता सकते हैं वो
न क़ुरआँ की अज़मत दिखा सकते हैं वो
न हक़ की हक़ीक़त बता सकते हैं वो
दलीलें हैं सब आज बेकार उनकी
नहीं चलती तोपों में तलवार उनकी
पड़े इस मशक़्क़त में हैं वो सरापा
नतीजा नहीं उनको मालूम जिसका
गईं भूल आगे की भेड़ें जो बटिया
उसी राह पर पड़ गया गल्ला सारा
नहीं जानते ये कि जाते किधर हैं
गए भूल रस्ता वो या राह पर हैं
मिसाल उनकी कोशिश की है साफ़ ऐसी
कि खाई कहीं बन्दरों ने जो सरदी
इधर और उधर देर तक आग ढूंढी
नज़र रौशनी उनको आई न उसकी
मगर एक़ जुगनू चमकता जो देखा
पतंगा उसे आग का सबने समझा
लिया जाके थाम और सबने उसी दम
किया घास-फूस उसपे लाकर फ़राहम
लगे उसको सुलगाने सब मिलके पैहम[3]
प:' कुछ आग सुलगी न सर्दी हुई कम

1. तुरीयावस्था में पहुँचा हुआ, दीवाना, 2. दलील, 3. साथ-साथ।

यूँ ही रात सारी उन्होंने गँवाई
मगर अपनी मेहनत की राहत न पाई
गुज़रते थे जो जानवर उस तरफ़ से
जब इस कशमकश में उन्हें देखते थे
मलामत बहुत सख़्त थे उनको करते
कि शरमाएँ वो ज़ो'मे-बातिल[1] से अपने
मगर अपनी कद से न बाज़ आते थे वो
मलामत पे और उल्टे ग़ुर्राते थे वो
न समझे वो जब तक हुआ दिन न रौशन
इसी तरह जो हैं हक़ीक़त के दुश्मन
न झाड़ेंगे गर्दे-तवह्हुम[2] से दामन
प:' जब होगा नूरे-सहर[3] लमअ: अफ़गन[4]
बहुत जल्द हो जाएगा आशकारा[5]
कि जुगनू को समझे थे वो इक शरारा[6]
वो तिब[7] जिस पे ग़श[8] हैं हमारे अतब्बा[9]
समझते हैं जिसको बयाज़े-मसीहा[10]
बताने में है बुख़्ल[11] जिसके बहुत सा
जिसे ऐब की तरह करते हैं अख़फ़ा[12]
फ़क़त चन्द नुस्ख़ों का है वो सफ़ीन:[13]
चले आए हैं जो कि सीन:-ब-सीन:[14]
न उनको नबातात[15] से आगही है
न अस्ला[16] ख़बर मा'द्दनियात[17] की है
न तशरीह[18] की लय किसी पे खुली है
न इल्मे-तबीआी[19] में केमेस्ट्री है
न पानी का इल्म और न इल्मे-हवा है
मरीज़ों के उनके निगहबाँ ख़ुदा है

---

1. ग़लत गुमान, 2. वहम (बहुवचन में) की गर्द, 3. सुबह का उजाला, 4. प्रकाशमान, 5. स्पष्ट, 6. चिंगारी, 7. चिकित्सा, 8. नशे में चूर, 9. चिकित्सक, 10. ह. ईसा के नुस्ख़ों की कॉपी, 11. कंजूसी, 12. छिपाना, 13. संग्रह, किताब, 14. जिसे ज़बानी सुनते आए हैं, 15. ज़मीन से उगती चीज़ें, 16. वास्तविक, 17. खनिज पदार्थ, 18. समस्याओं का हल, 19. चिकित्साशास्त्र।

न क़ानून[1] में उनके कोई ख़ता है
न मख़ज़न[2] में अंगुश्त[3] रखने की जा है
'सदीदी'* में लिक्खा है जो कुछ बजा है
'नफ़ीसी'* के हर क़ौल पर जाँ फ़िदा है
सलफ़[4] लिख गए जो क़यास और गुमाँ से
सहीफ़े[5] हैं उतरे हुए आसमाँ से

शाइरी

वो शे'र और क़साइद[6] का नापाक दफ़्तर
अफ़ूनत[7] में संडास से जो है बदतर
ज़मीं जिससे है ज़लज़ले में बराबर
मलक[8] जिससे शरमाते हैं आसमाँ पर
हुआ इल्मो-दीं जिससे ताराज[9] सारा
वो इल्मों में इल्मे-अदब है हमारा
बुरा शे'र कहने की गर कुछ सज़ा है
अबस[10] झूठ बकना अगर नारवा है
तो वो मुहकमा[11] जिसका क़ाज़ी[12] ख़ुदा है
मुक़र्रर जहाँ नेको-बद की सज़ा है
गुनहगार वाँ छूट जाएँगे सारे
जहन्नुम को भर देंगे शाइर हमारे
सुख़न जो है याँ आज हिस्सा हमारा
नहीं क़ौम को ज़ाहिरा जिससे चारा
हर इक कज़्बो-बुहताँ[13] है जिसमें गवारा
मुजस्सम हुआ उसका गर झूठ सारा
बने हिन्द में उससे और इक हिमाला
हिमाला से हो जिसकी चोटी दोबाला
ज़माने में जितने क़ुली और नफ़र[14] हैं
कमाई से अपनी वो सब बह्‌र:वर[15] हैं
गवैये अमीरों के नूरे-नज़र हैं
डफ़ाली भी ले आते कुछ माँग कर हैं

---

1. इब्ने सीना द्वारा लिखित चिकित्साशास्त्र की पुस्तक, 2. तात्पर्य : दवाओं की किताब, 3. उँगली, 4. पूर्वज, पुराने लोग, 5. किताबें, 6. प्रशंसा गीत, 7. बदबू, 8. फ़रिश्ते, 9. नीलाम, 10. अलबत्ता, 11. क्षेत्र, 12. फ़ैसला करने वाला, 13. आरोप, 14. नौकर-चाकर, 15. सफलता को प्राप्त।

* 'सदीदी' और 'नफ़ीसी'—चिकित्साशास्त्र की प्राचीन पुस्तकें

मगर इस तपेदिक़ में जो मुब्तिला हैं
ख़ुदा जाने वो किस मरज़ की दवा हैं
जो सक़्क़े[1] न हों जी से जाएँ गुज़र सब
हो मैला जहाँ गुम हों धोबी अगर सब
बने दम पे गर शह्र छोड़ें नफ़र सब
जो थुड़[2] जाएँ मेहतर तो गंदे हों घर सब
प:' कर जाएँ हिजरत जो शाइर हमारे
कहें मिले के 'ख़स कम जहाँ पाक'[3] सारे

अशआरे-अरब के नताइज
(अरबी कविता के परिणाम)

अरब जो थे दुनिया में इस फ़न के बानी
न था कोई आफ़ाक़ में जिनका सानी
ज़माना ने जिनकी फ़साहत थी मानी
मिटा दी अज़ीज़ों ने उनकी निशानी
सब उनके हुनर और कमालात खोकर
रहे शाइरी को भी आख़िर डुबो कर
अदब में पड़ी जान उनकी ज़बाँ से
जिला[4] दीन ने पाई उनके बयाँ से
सिनाँ[5] के लिए काम उन्होंने लिसाँ[6] से
ज़बानों के कूचे थे बढ़कर सिनाँ से
हुए उनके शे'रों से अख़लाक़ सैक़ल[7]
पड़ी उनके ख़ुतबों से आलम में हलचल
ख़लफ़[8] उनके याँ जो कि जादू-बयाँ हैं
फ़साहत में मक़बूले-पीरो-जवाँ हैं
बलाग़त में मशहूरे-हिन्दोस्ताँ हैं
वो कुछ हैं तो ले दे के उस गूँ[9] के याँ हैं
कि जब शे'र में उम्र सारी गँवाएँ
तो भांड उनकी ग़ज़लें मजालिस में गाएँ
तवाइफ़ को अज़ बर हैं दीवान उनके
गवैयों पे बेहद हैं एहसान उनके
निकलते हैं तकियों में अरमान उनके
सनाख़्वाँ[10] हैं इब्लीसो-शैतान उनके

---

1. पानी भरने वाले, 2. कम होना, 3. घास कम हुई, दुनिया पाक हुई, 4. प्रकाश, 5. तीर, 6. ज़बान, 7. चमकीला, 8. जाँनशीन, 9. रंगवाले, 10. तारीफ़ करने वाले।

कि अक़्लों पे परदे दिए डाल उन्होंने
हमें कर दिया फ़रिग़ुल-बाल[1] उन्होंने

शुरफ़ा की औलाद
(शरीफ़ लोगों की संतान)

शरीफ़ों की औलाद बेतरबियत है
तबाह उनकी हालत बुरी उनकी गत है
किसी को कबूतर उड़ाने क़ी लत है
किसी को बटेरें लड़ाने की धत है
चरस और गाँजे पे शैदा है कोई
मदक और चण्डू का रसिया है कोई
सदा गर्म अनफ़ार[2] से उनकी सोहबत
हर इक रिन्द[3] औबाश[4] से उनकी मिल्लत
पढ़े लिक्खो के साये से उनको वहशत[5]
मदारिस से, तालीम से उनको नफ़रत
कमीनों के जिरगे में उम्रें गँवानी
उन्हें गालियाँ देनी और आप खानी
न इल्मी मदारिस में हैं उनको पाते
न शाइस्ता जलसों में हैं आते जाते
प:' मेलों की रौनक़ हैं जाकर बढ़ाते
पड़े फिरते हैं देखते और दिखाते
किताब और मुअल्लिम[6] से फिरते हैं भागे
मगर नाच गाने में हैं सबसे आगे
अगर कीजे उन पाक शोहदों[7] की गिनती
हवा जिनके पहलू से बचकर है चलती
मिली ख़ाक़ में जिनसे इज़्ज़त बड़ों की
मिटी ख़ानदानों की जिनसे बुज़ुर्गी
तो ये जिस क़दर ख़ान:-बरबाद होंगे
वो सब उन शरीफ़ों की औलाद होंगे
हुई उनकी बचपन में यूँ पासबानी
कि क़ैदी की जैसे कटे ज़िन्दगानी
लगी होने जब कुछ समझ बूझ सयानी
चढ़ी भूत की तर्ह सर पर जवानी

1. बेफ़िक्र, 2. नौकरों, 3. शराबी, 4. आवारा, 5. घबराहट, 6. ज्ञानीजन, 7. पाक शोहदे का तात्पर्य है : बेहया लोग।

बस अब घर में दुश्वार थमना है उनका
अखाड़ों में तकियों में रहना है उनका
नशे में मये-इश्क़ के चूर हैं वो
सफ़े-फ़ौजे-मिज़गाँ[1] में महसूर[2] हैं वो
ग़मे-चश्मो-अबरू में रंजूर हैं वो
बहुत हाथ से दिल के मजबूर हैं वो
करें क्या कि है इश्क़ तीनत में उनकी
हरारत भरी है तबीअत में उनकी
अगर शश जहत[3] में कोई दिलरुबा है
तो दिल उनका नादीद:[4] उस पर फ़िदा है
अगर ख़्वाब में कुछ नज़र आ गया है
तो याद उसकी दिन रात नामे-ख़ुदा है
भरी सबकी वहशत से रूदाद है याँ
जिसे देखिए क़ैसो-फ़रहाद है याँ
अगर माँ है दुखिया तो उनकी बला से
अपाहिज है बावा तो उनकी बला से
जो है घर में फ़ाक़ा तो उनकी बला से
जो मरता है कुनबा तो उनकी बला से
जिन्होंने लगाई हो लौ दिलरुबा से
ग़रज़ फिर उन्हें क्या रही मासिवा[5] से
न गाली से, दुश्नाम[6] से जी चुराएँ
न जूती से, पैज़ार से हिचकिचाएँ
जो मेलों में जाएँ तो लुचपन दिखाएँ
जो महफ़िल में बैठें तो फ़ितने उठाएँ
लरज़ते हैं औबाश उनकी हँसी से
गुरेज़ाँ हैं रिन्द उनकी हमसायगी से
सपूतों को अपने अगर ब्याह दीजे
तो बहुओं का बोझ अपनी गर्दन पे लीजे
जो बेटी के पैवन्द[7] की फ़िक्र कीजे
तो बदराह हैं भांजे और भतीजे
यही झींकना कू-ब-कू घर-ब-घर है
बहू को ठिकाना न बेटी को बर है

---

1. तात्पर्य है : निगाहों के तीर, 2. घिरे हुए, 3. छह दिशाओं, 4. अनदेखा, 5. इसके अलावा, 6. गाली, 7. रिश्ता।

न मतलब-निगारी का उनको सलीक़ा
न दरबारदारी का उनको सलीक़ा
न उम्मीदवारी का उनको सलीक़ा
न ख़िदमतगुज़ारी का उनको सलीक़ा
क़ुली या नफ़र हो तो कुछ काम आए
मगर इनको किस मद में कोई खपाए
नहीं मिलती रोटी जिन्हें पेट भर के
वो गुज़रान करते हैं सौ ऐब कर के
जो हैं उनमें दो चार आसूद:[1] घर के
वो दिन रात ख़्वाहाँ हैं मर्गे-पिदर[2] के
नमूने ये अय्यानो-अशराफ़[3] के हैं
सलफ़[4] इनके वो थे ख़लफ़[5] उनके ये हैं
वो इस्लाम की पौद शायद यही है
कि जिसकी तरफ़ आँख सबकी लगी है
बहुत जिससे आइन्दा चश्मे-बही[6] है
बक़ा मुन्हसर जिसपे इस्लाम की है
यही जान डालेगी बाग़े-कुहन में?
इसी से बहार आएगी इस चमन में?
यही हैं वो नस्लें मुबारक हमारी?
कि बख़्शेंगी जो दीन को उस्तवारी[7]?
करेंगी यही क़ौम की ग़मगुसारी?
इन्हीं पर उमीदें हैं मौक़ूफ़[8] सारी?
यही शम्मे-इस्लाम रौशन करेंगी?
बड़ों का यही नाम रौशन करेंगी?
ख़लफ़ उनके अल-हक़ अगर याँ यही हैं
सलफ़ के अगर फ़ातिहा-ख़्वाँ यही हैं
अगर यादगारे-अज़ीज़ाँ यही हैं
अगर नस्ले-अशराफ़ो-अय्याँ यही हैं
तो याद इस क़दर उनकी रह जाएगी याँ
कि इक क़ौम रहती थी इस नाम की याँ

---

1. ख़ुशहाल, 2. बाप की मौत, 3. शरीफ़ और प्रतिष्ठित लोग, 4. पूर्वज, 5. सुपुत्र, 6. भलाई की उम्मीद, 7. मज़बूती, 8. निर्भर।

तालीमयाफ़्ता मुसलमान

समझते हैं शाइस्ता[1] जो आपको याँ
है आज़ादी-ए-राय पर जो कि नाज़ाँ
चलन पर हैं जो क़ौम के अपनी ख़न्दाँ[2]
मुसलमाँ हैं सब जिनके नज़दीक नादाँ
जो ढूँढोगे यारों के हमदर्द उनमें
तो निकलेंगे थोड़े जवाँमर्द उनमें
न रंज उनके इफ़लास[3] का उनको अस्ला[4]
न फ़िक्र उनकी तालीम और तरबियत का
न कोशिश की हिम्मत, न देने को पैसा
उड़ाना मगर मुफ़्त इक इक का ख़ाका
कहीं उनकी पोशाक पर ता'न[5] करना
कहीं उनकी ख़ूराक को नाम धरना
अज़ीज़ों की जिस बात में ऐब पाना
निशाना उसे फ़ब्तियों का बनाना
शमातत[6] से दिल भाइयों का दुखाना
यगाना को बेगाना बन कर चिढ़ाना
न कुछ दर्द की चोट उनके जिगर में
न क़तरा कोई ख़ून का चश्मे-तर में

ग़फ़लत

जहाज़ एक गिर्दाब[7] में फँस रहा है
पड़ा जिससे जोखों[8] में छोटा बड़ा है
निकलने का रस्ता न बचने की जा है
कोई उनमें सोता कोई जागता है
जो सोते हैं वो मस्ते-ख़्वाबे-गराँ[9] हैं
जो बेदार हैं उनपे ख़न्दा ज़नाँ[10] हैं
कोई उनसे पूछे कि ऐ होश वालो
किस उम्मीद पर तुम खड़े हँस रहे हो
बुरा वक़्त बेड़े पे आने को है जो
न छोड़ेगा सोतों को और जागतों को

1. सभ्य, 2. हँसने वाले, 3. ग़रीबी, 4. वस्तुतः, 5. ताना, 6. मज़ाक़ उड़ाना, 7. भँवर, 8. जोखिम, 9. गहरी नींद में सोए हुए, 10. हँसने वाले।

बचोगे न तुम और न साथी तुम्हारे
अगर नाव डूबी तो डूबेंगे सारे
ग़रज़ ऐब कीजे बयाँ अपने क्या क्या
कि बिगड़ा हुआ याँ है आवे का आवा[1]
फ़क़ीह और जाहिल ज़ईफ़[2] और तवाना[3]
तास्सुफ़[4] के क़ाबिल है अहवाल सबका
मरीज़ ऐसे मायूस दुनिया में कम हैं
बिगड़ कर कभी जो न सँभलें वो हम हैं
किसी ने ये इक मर्दे-दाना से पूछा
कि ने'मत है दुनिया में सबसे बड़ी क्या
कहा, 'अक़्ल जिससे मिले दीनो-दुनिया'
कहा, 'गर न हो उससे इंसाँ को बहरा'[5]
कहा, 'फिर अहम सबसे इल्मो-हुनर है
कि जो बाइसे-इफ़्तिख़ारे-बशर[6] है'
कहा 'गर न हो ये भी उसको मयस्सर'
कहा 'मालो-दौलत है फिर सबसे बढ़कर'
कहा 'दर हो ये भी अगर बन्द उस पर'
कहा 'उसपे बिजली का गिरना है बेहतर'
वो नंगे-बशर[7] ताकि ज़िल्लत से छूटे
ख़लाइक सब उसकी नहूसत से छूटे
मुझे डर है ऐ मेरे हमक़ौम यारो
मबादा[8] कि वो नंगे-आलम तुम्हीं हो
गर इस्लाम की कुछ हमीयत[9] है तुमको
तो जल्दी से उट्ठो और अपनी ख़बर लो
वगरन: ये क़ौल आएगा रास्त तुम पर
कि 'होने से इनका न होना है बेहतर
रहोगे यूँ ही फ़ारिग़ुल-बाल[10] कब तक
न बदलोगे ये चाल और ढाल कब तक
रहेगी नई पौद मामाल कब तक
न छोड़ोगे तुम भेड़िया चाल कब तक
बस अगले फ़साने फ़रामोश कर दो
तअस्सुब के शोले को ख़ामोश कर दो

1. पूरा ख़ानदान, 2. वृद्ध, 3. जवान, 4. अफ़सोस, 5. हिस्सा, 6. मनुष्य के लिए गर्व करने का कारण, 7. इंसान के लिए शर्म की बात, 8. निस्सन्देह, 9. शर्म, ग़ैरत, 10. निश्चिंत।

हुकूमत की बरकतें

हुकूमत ने आज़ादियाँ तुमको दी हैं
तरक़्क़ी की राहें सरासर खुली हैं
सदाएँ ये हर सिम्त से आ रही हैं
कि राजा से परजा तलक सब सुखी हैं
तसल्लुत[1] है मुल्कों में अम्नो-अमाँ का
नहीं बन्द रस्ता किसी कारवाँ का

न बदख़्वाह[2] है दीनो-ईमाँ का कोई
न दुश्मन हदीस और क़ुरआँ का कोई
न नाक़िस[3] है मिल्लत के अरकाँ का कोई
न मानअ[4] शरीअत के फ़रमाँ का कोई
नमाज़ें पढ़ो बेख़तर मा'बुदों[5] में
अज़ानें धड़ल्ले से दो मस्जिदों में

खुली हैं सफ़र और तिजारत की राहें
नहीं बन्द सनअत की, हिरफ़त की राहें
जो रौशन हैं तहसीले-हिकमत की राहें
तो हमवार हैं कस्बे-दौलत की राहें
न घर में ग़नीम और दुश्मन का खटका
न बाहर है क़ज़्ज़ाक़ो-रहज़न का खटका

महीनों के कटते हैं रस्ते पलों में
घरों से सिवा चैन है मंज़िलों में
हर इक गोशा गुलज़ार है जंगलों में
शबो-रोज़ है ऐमनी क़ाफ़िलों में
सफ़र जो कभी था नमूना सक़र का
वसीला है अब वो सरासर ज़फ़र का

पहुँचती हैं मुल्कों में दम-दम की ख़बरें
चली आती हैं शादी-ओ-ग़म की ख़बरें
अयाँ हैं हर इक बर्रे-आज़म की ख़बरें
खुली हैं ज़माना पे आलम की ख़बरें
नहीं वाक़या कोई पिन्हाँ कहीं का
है आईना अहवाल रूए-ज़मीं का

1. क़ब्ज़ा, 2. बुरा चाहने वाला, 3. तोड़ने वाला, 4. रोकने वाला, 5. इबादतगाहों।

करो क़द्र इस अम्नो-आज़ादगी की
कि है साफ़ हर सिम्त राहे-तरक़्क़ी
हर इक राहरौ का ज़माना है साथी
ये हर सू से आवाज़ पैहम है आती
कि दुश्मन का खटका न रहज़न का डर है
निकल जाओ रस्ता अभी बेख़तर है

बहुत क़ाफ़िले देर से जा रहे हैं
बहुत बोझ बार अपने लदवा रहे हैं
बहुत चल चलाव में घबरा रहे हैं
बहुत से न चलने से पछता रहे हैं
मगर इक तुम्हीं हो कि सोते हो ग़ाफ़िल
मवादा कि ग़फ़लत में खोटी हो मंजिल

न बदख़्वाह समझो बस अब यावरों[1] को
लुटेरे न ठहराओ तुम रहबरों को
दो इल्ज़ाम पीछे नसीहतगरों को
टटोलो ज़रा पहले अपने घरों को
कि ख़ाली हैं या पुर ज़ख़ीरे तुम्हारे
बुरे हैं कि अच्छे वतीरे[2] तुम्हारे

अमीरों की तुम सुन चुके दास्ताँ सब
चलन हो चुके आलिमों के बयाँ सब
शरीफ़ों की हालत है तुम पर अयाँ सब
बिगड़ने को तैयार बैठे हैं याँ सब
ये बोसीदः घर अब गिरा का गिरा है
सुतूँ मर्कज़े-सक़्ल[3] से हट चुका है

ये जो कुछ हुआ एक शम्म:[4] है उसका
कि जो वक़्त यारों पे हैं आने वाला
ज़माने ने ऊँचे से जिसको गिराया
वो आख़िर को मिट्टी में मिलकर रहेगा
नहीं गरचे कुछ क़ौम में हाल बाक़ी
अभी और होना है पामाल बाक़ी

---

1. साथियों, 2. आदत, 3. बुनियाद, 4. थोड़ा सा।

यहाँ हर तरक़्क़ी की ग़ायत[1] यही है
सर-अंजाम[2] हर क़ौमो-मिल्लत यही है
सदा से ज़माने की आदत यही है
तिलस्मे-जहाँ की हक़ीक़त यही है
बहुत याँ हुए ख़ुश्क चश्मे उबल कर
बहुत बाग़ छाँटे गए फूल-फल कर

कहाँ हैं वो अहरामे-मिस्री[3] के बानी
कहाँ हैं वो गुर्दाने-ज़ाबिलसितानी[4]
गए पैशदादी[5] किधर और कयानी[6]
मिटा कर रही सबको दुनिया-ए-फ़ानी
लगाओ कहीं खोज कलदानियों[7] का
बताओ निशाँ कोई सासानियों[8] का

वही एक है जिसको दायम-बक़ा[9] है
जहाँ की विरासत उसी को सज़ा[10] है
सिवा उसके अंजाम सबका फ़ना है
न कोई रहेगा न कोई रहा है
मुसाफिर यहाँ हैं फ़कीर और ग़नी[11] सब
ग़ुलाम और आज़ाद हैं रफ़्तनी[12] सब

1. अन्त, गति, 2. नतीजा, 3. मिस्र के ऐतिहासिक हरम (महल), 4. तात्पर्य है : रुस्तम के ख़ानदान वाले, 5. ईरान के वे ग्यारह बादशाह, जो 'होशंग' की संतान में से थे, 6. कयानी बादशाह, 7. कैलेडिया (ख़ालदिया), बाबिल के लोग, 8. ईरान के सासान वंश वाले, 9. शाश्वत, अमर, 10. उपयुक्त, 11. धनवान, 12. जाने वाले, मर्त्य।

ज़मीमः*

बस ऐ नाउमीदी न यूँ दिल बुझा तू
झलक ऐ उमीद अपनी आख़िर दिखा तू
ज़रा नाउमीदों की ढारस बँधा तू
फ़सुर्दः[1] दिलों के दिल आकर बढ़ा तू
तेरे दम से मुर्दों में जानें पड़ी हैं
जली खेतियाँ तूने सरसब्ज़ की हैं

सफ़ीनः पये-नूहे-तूफ़ाँ में तू थी
सुकूँबख़्श 'याक़ूबे'-कनआँ[2] में तू थी
'जुलेख़ा' की ग़मख़्वार हिज्राँ में तू थी
दिल-आराम 'यूसुफ़' की ज़िन्दाँ[3] में तू थी
मसाइब[4] ने जब आन कर उनको घेरा
सहारा वहाँ सबको था एक तेरा

बहुत डूबतों को तराया है तूने
बिगड़तों को अक्सर बनाया है तूने
उखड़ते दिलों को जमाया है तूने
उजड़ते घरों को बसाया है तूने
बहुत तूने पस्तों को बाला किया है
अँधेरे में अक्सर उजाला किया है

क़वी तुझसे हिम्मत है पीरो-जवाँ की
बँधी तुझसे ढारस है ख़ुर्दो-कलाँ[5] की
तुझे पर है बुनियाद नज़्मे-जहाँ[6] की
न हो तू तो रौनक़ न हो इस दुकाँ की
तगापौ[7] है हर मरहले में तुझी से
रवारौ है हर क़ाफ़िले में तुझी से

---

* परिशिष्ट

1. दुखी, 2. याक़ूब कनआन नामक स्थान के रहने वाले थे, 3. कारागार, 4. मुसीबतों, 5. छोटा और बड़ा, 6. संसार की व्यवस्था, 7. भागदौड़।

किसानों से कल्लर[1] में है तू बुवाती
जहाज़ों को गिर्दाब में है खिवाती
'सिकंदर'* को 'दारा' पे है तू चढ़ाती
'फ़रीदूँ' को 'ज़हहाक' से है लड़ाती
चले सब जिधर तूने माइल अनाँ[2] की
नज़र तेरी सीटी पे है कारवाँ की

नवाज़ा बहुत बेनवाओं को तूने
तवंगर बनाया गदाओं को तूने
दिया दस्तरस[3] नारसाओं को तूने
किया बादशाह नाख़ुदाओं[4] को तूने
सिकंदर को शाने-कई तूने बख़्शी
कोलंबस को दुनिया नई तूने बख़्शी

वो रहरव नहीं रखते जो कोई सामाँ
ख़ुरो-ज़ाद[5] से जिनका ख़ाली है दामाँ
न साथी कोई जिससे मंज़िल हो आसाँ
न महरम कोई जो सुने दर्दे-पिन्हाँ
तेरे बल पे ख़ुश ख़ुश हैं इस तरह जाते
कि जाकर ख़ज़ाना हैं अब कोई पाते

ज़मीं जोतने को जब उठता है जोता
समीं[6] का गुमाँ तक नहीं जबकि होता
शबो-रोज़ मेहनत में है जान खोता
महीनों नहीं पाँव फैला के सोता
अगर मोजज़न[7] उसके दिल में न तू हो
तो दुनिया में ग़ुल भूख का चार सू हो

बने इससे भी गर सिवा अपने दम पर
बलाओं का हो सामना हर क़दम पर
पहाड़ इक फ़ुज़ूँ और हो कोहे-ग़म पर
गुज़रनी हो जो कुछ गुज़र जाए हम पर
नहीं फ़िक्र तू दिल बढ़ाती है जब तक
दिमाग़ों में बू तेरी आती है जब तक

---

1. बंजर ज़मीन, 2. लगाम, बागडोर, 3. पहुँच, 4. नाविकों, 5. खाने-पीने और सफ़र की चीज़ें, 6. मूल्यवान, 7. प्रकट।

* तीसरी और चौथी पंक्ति में '—' ऐतिहासिक चरित्रों के नाम हैं, जिनकी अपनी अन्तर्कथाएँ हैं।

ये सच है कि हालत हमारी ज़बूँ है
अज़ीज़ों की ग़फ़लत वही जूँ की तूँ है
जहालत वही क़ौम की रहनुमूँ है
तअस्सुब की गर्दन पे मिल्लत का ख़ूँ है
मगर ऐ उमीद इक सहारा है तेरा
कि जलव: ये दुनिया में सारा है तेरा

ग़ैरते-क़ौमी

नहीं क़ौम में गरचे कुछ जान बाक़ी
न उसमें वो इस्लाम की शान बाक़ी
न वो जाहो-हश्मत[1] के सामान बाक़ी
पर इस हाल में भी है इक आन बाक़ी
बिगड़ने का गो उनके वक़्त आ गया है
मगर इस बिगड़ने में भी इक अदा है
बहुत हैं अभी जिनमें ग़ैरत है बाक़ी
दिलेरी नहीं पर हमीयत[2] है बाक़ी
फ़क़ीरी में भी बू-ए-सरवत[3] है बाक़ी
तही-दस्त[4] हैं पर मुरव्वत है बाक़ी
मिटे पर भी पिन्दार-हस्ती[5] वही है
मकाँ गर्म है आग गो बुझ गई है
समझते हैं इज़्ज़त को दौलत से बेहतर
फ़क़ीरी को ज़िल्लत की शोहरत से बेहतर
गलीमे-क़नाअत[6] को सरवत से बेहतर
उन्हें मौत है बारे-मिन्नत[7] से बेहतर
सर उनका नहीं दरबदर झुकने वाला
वो ख़ुद पस्त हैं पर निगाहें हैं बाला

तरक़्क़ी के इम्कान

मशाब:[8] है क़ौम उस मरीज़े-जवाँ से
किया ज़ा'फ़[9] ने जिसको मायूस जाँ से

---

1. प्रतिष्ठा और रोब, 2. ग़ैरत, शर्म, 3. स्वाभिमान, 4. ख़ाली हाथ, 5. हस्ती का दम्भ, 6. सन्तोष की चादर, 7. एहसान का बोझ, 8. साम्य रखने वाला, 9. वृद्धावस्था।

न बिस्तर से हरकत न जुंबिश मकाँ से
अजल के हैं आसार जिस पर अमाँ से
नज़र आते हैं सब मरज़ जिसके मुज़्मिन[1]
नहीं कोई मुह्लिक[2] मरज़ उसको लेकिन
बजा हैं हवास उसके और होश क़ाइम
तबीअत में मेले-ख़ुरो-नोश[3] क़ाइम
दिमाग़ और दिल, चश्म और गोश क़ाइम
जवानी का पिन्दार और जोश क़ाइम
करे कोई उसकी अगर ग़ौर कामिल
अजब क्या जो हो जाए ज़िन्दों में शामिल

अयाँ सब पे अहवाल बीमार का है
कि तेल इसमें जो कुछ था सब जल चुका है
मुवाफ़िक़ दवा है न कोई ग़िज़ा है
हज़ाले-बदन[4] है ज़वाले-क़वा[5] है
मगर है अभी ये दिया टिमटिमाता
बुझा जो कि है याँ नज़र सबको आता

ये सच है कि है क़ौम में क़हते-इंसाँ[6]
नहीं क़ौम के हैं सब अफ़राद[7] यकसाँ
सिफ़ालो-ख़ज़फ़[8] के हैं अंबार गर याँ
जवाहर के टुकड़े भी हैं उनमें पिन्हाँ
छुपे संगरेज़ों[9] में गौहर भी हैं कुछ
मिले रेत में रेज़:-ए-ज़र[10] भी हैं कुछ

जो बेग़म हैं उनमें तो ग़मख़्वार भी हैं
जो बेमेह्र हैं कुछ तो कुछ यार भी हैं
उन्हीं ग़ाफ़िलों में ख़बरदार भी हैं
ख़राबात[11] में चन्द हुशियार भी हैं
जमाअत से अपनी निराले भी हैं याँ
निकम्मों में कुछ काम वाले भी हैं याँ

जो चाहें पलट दें यही सबकी काया
कि इक-इक ने मुल्कों को है याँ जगाया

---

1. पुराने, 2. असाध्य, 3. खाने-पीने की ललक, 4. जिस्म की कमज़ोरी, 5. कमज़ोर इंद्रियाँ, 6. इंसानों का अकाल, 7. लोग, 8. मिट्टी और सीप, 9. पत्थर के टुकड़ों, 10. सोने के कण 11. मदिरालय।

अकेलों ने है क़ाफ़िलों को बचाया
जहाज़ों को है ज़ोरकों[1] ने तराया
यूँ ही काम दुनिया का चलता रहा है
दिये से दिया यूँ ही जलता रहा है

तरक़्क़ी का आग़ाज़

ये सच है कि हैं बेशतर हममें नादाँ
नहीं जिनके दर्दे-तअस्सुब का दरमाँ
जहाँ में हैं जो उनकी इज़्ज़त के ख़्वाहाँ
उन्हीं से वो रहते हैं दस्तो-गरेबाँ[2]
प:' ऐसे भी कुछ होते जाते हैं पैदा
कि जो ख़ैरख़्वाहों में हैं अपने शैदा

कोई ख़ैरख़्वाही में है हमसर[3] उनका
कोई दस्तो-बाज़ू से है यावर उनका
कोई है ज़बाँ से सताइशगर[4] उनका
बहुत रखते हैं नक़्शे-हुब[5] दिल पर उनका
बहुत उनके गुन सुनते हैं चुपके चुपके
बहुत सुन के सर धुनते हैं चुपके चुपके

बहुत दिन से दरिया का पानी खड़ा था
तमव्वुज[6] का जिसमें न हरगिज़ पता था
तग़य्युर[7] से ये हाल उसका हुआ था
कि मकरूह[8] थी बू तो कड़वा मज़ा था
हुई थी ये पानी से ज़ाइल[9] जवानी
कि मुश्किल से कह सकते थे उसको पानी

पर अब उसमें रौ[10] कुछ कुछ आने लगी है
किनारों को उसके बुलाने लगी है
हवा बुलबुले कुछ उठाने लगी है
अफ़ूनत[11] वो पानी से जाने लगी है
अगर हो न ये इन्क़िलाब इत्तेफ़ाक़ी
तो दरिया में बस इक तमव्वुज है बाक़ी

---

1. छोटी किश्तियों, 2. तात्पर्य है : लड़ाई-झगड़ा, 3. बराबर, 4. तारीफ़ करने वाले, 5. मुहब्बत का असर, 6. लहरों, 7. विकार, 8. घृणास्पद, 9. नष्ट, 10. प्रवाह, 11. सड़ांध।

हवादिस[1] ने उनको डराया है कुछ कुछ
मसाइब[2] ने नीचा दिखाया है कुछ कुछ
ज़रूरत ने रस्ता बताया है कुछ कुछ
ज़माने के ग़ुल[3] ने जगाया है कुछ कुछ
ज़रा दस्तो-बाज़ू हिलाने लगे हैं
वो सोते में कुछ कुलबुलाने लगे हैं

रहे-रास्त पर हैं वो कुछ आते जाते
तअल्ली[4] से हैं अपनी शरमाते जाते
तफ़ाख़िर[5] से हैं अपने पछताते जाते
सुराग़ अपना कुछ कुछ हैं वो पाते जाते
बुज़ुर्गी[6] के दावों से फिरने लगे हैं
वो ख़ुद अपनी नज़रों से गिरने लगे हैं

नहीं घाट पर गो तरक़्क़ी के आते
नई बात से नाक भौं हैं चढ़ाते
नई रौशनी से हैं आँखें चुराते
मगर साथ ही ये भी हैं कहते जाते
कि दुनिया नहीं गरचे रहने के क़ाबिल
पर इस तरह दुनिया में रहना है मुश्किल

तनज़्ज़ुल[7] पे वो हाथ मलने लगे हैं
कुछ उस सोज़[8] से दिल पिघलने लगे हैं
धुएँ कुछ दिलों से निकलने लगे हैं
कुछ आरे से सीनों पे चलने लगे हैं
वो ग़फ़लत की रातें गुज़रने को हैं अब
नशे जो चढ़े थे उतरने को हैं अब

नहीं गरचे कुछ दर्दे-इस्लाम उनको
न बहबूदी-ए-क़ौम[9] से काम उनको
न कुछ फ़िक्रे-आग़ाज़ो-अंजाम उनको
बराबर है हो सुबह या शाम उनको
मगर क़ौम की सुनके कोई मुसीबत
उन्हें कुछ न कुछ आ ही जाती है रिक़्क़त[10]

1. हादसों, 2. मुसीबतों, 3. शोर, 4. आत्म-प्रशंसा, 5. गर्व, 6. श्रेष्ठता, 7. पतन, 8. दाह, 9. क़ौम का कल्याण, 10. दिल भर आना।

ख़सूमत[1] से हैं अपनी गो ख़्वारियाँ सब
नज़ावों[2] से बाहम के हैं नातवाँ[3] सब
ख़ुद आपस की चोटों से हैं ख़स्त:जाँ सब
प:' हैं मुत्तिफ़क़ इसपे पीरो-जवाँ[4] सब
कि नाइत्तफ़ाक़ी ने खोया है हमको
इसी जज़्रो-मद[5] ने डुबोया है हमको

ये माना कि कम हममें हैं ऐसे दाना
जिन्होंने हक़ीक़त को है अपनी छाना
तनज़्ज़ुल को है ठीक ठीक अपने जाना
कि हम हैं कहाँ और कहाँ है ज़माना
प:' इतना ज़बानों पे है सबकी जारी
कि हालत बुरी आजकल है हमारी

फ़राइज़ में गो दीन के सब हैं क़ासिर
न मशग़ूले-बातिन न पाबन्दे-ज़ाहिर
मसाजिद से ग़ाइब, मलाही[6] में हाज़िर
मगर ऐसे फ़ासिक़[7] हैं उनमें न फ़ाजिर[8]
कि मज़हब पे हमले हैं जो हर तरफ़ से
वो देख उनको हट जाएँ राहे-सलफ़ से

ख़ुद अपनी है गर क़द्रो-क़ीमत गँवाई
प:' भूले नहीं हैं बड़ों की बड़ाई
जो आप उनकी ख़ूबी नहीं कोई पाई
तो हैं ख़ूबियों पर उन्हीं की फ़िदाई
शरफ़[9] गो कि बाक़ी नहीं उनमें अब कुछ
मगर ख़्वाब में देख लेते हैं सब कुछ

ज़रा फिर के पीछे वो जब देखते हैं
वो अपना हसब और नसब[10] देखते हैं
बुज़ुर्गों का इल्मो-अदब देखते हैं
सरअफ़राज़ी-ए-जद्दो-अब[11] देखते हैं
तो हैं फ़ख़्र से वो कभी सर उठाते
कभी हैं नदामत से गर्दन झुकाते

---

1. शत्रुता, 2. झगड़ों, 3. कमज़ोर, 4. वृद्ध और युवा, 5. भाटा और ज्वार, 6. खेलकूद के स्थान, 7. झूठे, 8. पापी, 9. शराफ़त, 10. हसब और नसब = अर्थात् जाति और नस्ल आदि। 11. बाप-दादा की श्रेष्ठता।

अगर कुछ भी बाक़ी हो यारों में हिम्मत
तो उनका यही इफ़्तिख़ार और निदामत
शगूने-सआदत है और फ़ाले[1] दौलत
कि आती है कुछ उससे बू-ए-हमीयत[2]
वो खो बैठे आख़िर कमाई बड़ों की
भुला दी जिन्होंने बड़ाई बड़ों की

असीरी[3] में जो गर्मे-फ़रियाद हैं याँ
वही आशियाँ करते आबाद हैं याँ
क़फ़स से वही होते आज़ाद हैं याँ
चमन के जिन्हें चहचहे याद हैं याँ
वो शायद क़फ़स में ही उम्रें गँवाएँ
गईं भूल सहरा की जिनको फ़ज़ाएँ

बलंदी में हों या कि पस्ती में हों हम
क़वी[4] हों कि कमज़ोर अफ़ज़ूँ[5] हों या कम
मुहक़्कर[6] ज़माने में हों या मुकर्रम[7]
मुवख़्ख़िर[8] हों इस बज़्म में या मुक़द्दम[9]
अबा में हों पोशीद: या शाल में हों
किसी रंग में हों, किसी हाल में हों

अगर बाख़बर हैं हक़ीक़त से अपनी
तलफ़[10] की हुई अगली अज़मत से अपनी
बलंदी व पस्ती की निस्बत से अपनी
गुज़श्त: और आइन्द:हालत से अपनी
तो समझो कि है पार खेवा हमारा
नहीं दूर मँझदार से कुछ किनारा

इक़बालमन्दी क्या चीज़ है

'अलप अर्सलाँ'[11] से यह 'तुग़रल'[12] ने पूछा
कि 'क़ौमें हैं दुनिया में जो जल्व:फ़रमा

---

1. शगुन और फ़ाल निकालना, 2. शर्म, 3. क़ैद, 4. मज़बूत, 5. अधिक, 6. निम्न, 7. श्रेष्ठ, 8. पीछे, 9. आगे, 10. बराबर, 11. सल्जूक वंश का दूसरा बादशाह, 12. सल्जूक वंश का पहला बादशाह।

निशाँ उनकी इक़बालमंदी के हैं क्या
कब इक़बालमंद उनको कहना है ज़ेबा'

कहा, मुल्को-दौलत हो हाथ उनके जब तक
जहाँ हो कमरबस्त: साथ उनके जब तक

जहाँ जाएँ वो सुर्ख़रू होके आएँ
ज़फ़र हम-अनाँ हो जिधर बाग उठाएँ
न बिगड़ें कभी काम जो वो बनाएँ
न उखड़ें क़दम जिस जगह वो जमाएँ

करें मस[1] को गर मस[2] तो वह कीमिया हो
अगर ख़ाक में हाथ डालें तिला[3] हो

वली-अहद[4] की जबकि बातें सुनीं ये
हँसा सुनके फ़रज़ान:-ओ-दूरबीं[5] ये
कहा 'जाने-उम[6] गप है गो दिलनशीं ये
मगर शर्ते-इक़बाल हरगिज़ नहीं ये

हवादिस सहे बिन गुज़ारा नहीं याँ
बलंदी व पस्ती से चारा नहीं याँ

बहम[7] है कभी गाह बरहम[8] है महिफ़ल
कठिन है कभी गाह आसाँ है मंज़िल
ज़माने की गर्दिश से बचना है मुश्किल
न महफ़ूज़ हैं उससे मुदबिर[9] न मुक़बिल[10]

बहुत यक्क:-ताज़ों[11] को याँ घिरते देखा
सदा शहसवारों को याँ गिरते देखा

जहाँ सूद[12] है याँ वहीं है ज़ियाँ[13] भी
जहाँ रौशनी है वहीं है धुआँ भी
सक़र[14] भी है ये ख़ाकदाँ[15] और जनाँ[16] भी
बहारें भी हैं इस चमन में ख़िज़ाँ भी

निखरते हैं जो याँ वो गदलाते भी हैं
चमकते हैं जो याँ वो गहनाते[17] भी हैं

ज़ईफ़[18] और क़वी[19] अरमनी[20] और इराक़ी
चखाता है दुरदे-क़दह[21] सब को साक़ी

---

1. ताँबा, 2. स्पर्श, 3. स्वर्ण, 4. वारिस, 5. समझदार और दूरदर्शी, 6. चचा जान, 7. साथ-साथ, 8. बिखरा हुआ, 9. अभागे, 10. इक़बालमन्द, 11. तेज़ घुड़सवार, 12. लाभ, 13. हानि, 14. दोज़ख़, 15. दुनिया, 16. जन्नत, 17. ग्रहण लगता है, 18. कमज़ोर, 19. ताक़तवार, 20. आर्मेनियाई, 21. शराब के प्याले की तलछट।

प:' इक़बाल की है रमक़ जिनमें बाक़ी
ये सब तल्ख़ियाँ उनमें हैं इत्तेफ़ाक़ी
बलाओं में घिर कर निकल जाते हैं वो
ज़रा डगमगा कर सँभल जाते हैं वो
नहीं होते नैरंगे-गर्दूं[1] से हैराँ
हर इक दर्द का ढूँढ लेते हैं दरमाँ
उठाते नहीं कुछ हवादिस से नुक़्साँ
वो चौंक उठते हैं देख ख़्वाबे-परीशाँ
भड़कते हैं अफ़सुर्द:[2] हो कर सिवा वो
फबकते हैं पज़मुर्द:[3] हो कर सिवा[4] वो
पिघलते हैं साँचे में ढलने की ख़ातिर
लगाते हैं ग़ोता उछलने की ख़ातिर
ठहरते हैं दम लेके चलने की ख़ातिर
वो खाते हैं ठोकर सँभलने की ख़ातिर
सबब को मरज़ से समझते हैं पहले
उलझते हैं पीछे, सुलझते हैं पहले
ज़रूरत नहीं ये कि फ़रमाँरवा हों
रओयत हों वो ख़्वाह किश्वरकुशा[5] हों
सिपाही ही हों, ताजिर हों या नाख़ुदा हों
वो कुछ हों प:' अपने से वाक़िफ़ ज़रा हों
कि हम क्या हैं और कौन हैं और कहाँ हैं
घटे या बढ़े हैं, सुबुक[6] या गराँ[7] हैं
जब आए उन्हें होश कुछ वक़्त खो कर
रहें बैठ क़िस्मत को अपनी न रो कर
करें कोशिशें सब बहम एक हो कर
रहें दाग़ ज़िल्लत का दामन से धो कर
न हो ताबे-परवाज़ अगर आसमाँ तक
तो वाँ तक उड़ें हो रसाई जहाँ तक
पड़ा है वही वक़्त अब हम पे आ कर
कि उट्ठे हैं सोते बहुत दिन चढ़ा कर

---

1. युगीन क्रान्ति, 2. बुझना, 3. कुम्हलाना, 4. अधिक, 5. विजयी, 6. हलका, 7. भारी।

सवारों ने की राह तय बाग उठा कर
गए क़ाफ़िले ठहर मंजिल पे जा कर
गर उफ़्ताँ व ख़ेज़ाँ[1] सिधारें भी अब हम
तो पहुँचे भला जाके मंज़िल पे कब हम
मगर बैठ रहने से चलना है बेहतर
कि है अह्ले-हिम्मत का अल्लाह यावर
जो ठंडक में चलना न आया मयस्सर
तो पहुँचेंगे हम धूप खा-खा के सर पर
ये तकलीफ़ो-राहत है सब इत्तेफ़ाक़ी
चलो अब भी है वक़्त चलने का बाक़ी
हुआ कुछ वही जिसने याँ कुछ किया है
लिया जिसने फल बीज बोकर लिया है
करो कुछ कि करना ही कुछ कीमिया है
मसल है कि करने की सब बद्दिया है
यूँ ही वक़्त सो-सो के हैं जो गँवाते
वो ख़रगोश कछुओं से हैं ज़क[2] उठाते
ये बरकत है दुनिया में मेहनत की सारी
जहाँ देखिए फ़ैज़ उसी का है जारी
यही है कलीदे-दरे-फज़्ले-बारी[3]
इसी पर है मौक़ूफ़ इज़्ज़त तुम्हारी
इसी से है क़ौमों की याँ आबरू सब
इसी पर हैं मग़रूर मैं और तू सब
गुलिस्ताँ में जोबन गुलो-यासमन का
समाँ ज़ुल्फ़े-'सुम्बुल'* की ताबो-शिकन का
क़दे-दिलरुबा 'सर्व' और 'नारवन' का
रुख़े-जाँफ़िज़ा[4] 'लाल:-ओ-नस्तरन' का
ग़रीबों की मेहनत से है रंगो-बू सब
कमेरों के ख़ूँ से हैं ये ताज़ा-रू सब
हिलाते न अगले अगर दस्तो-बाज़ू
जहाँ इत्रे-हिकमत से होता न ख़ुशबू

1. गिरते-पड़ते, 2. पराजय, हानि, 3. ईश्वर के द्वार की कुंजी, 4. जी ख़ुश करने वाला।
* चौबीस, पच्चीस और छब्बीसवीं पंक्ति में '—' पेड़-पौधों के नाम हैं।

न अख़लाक़ की वज़अ[1] होती तराजू
न हक़ फैलता रुब्अ-मिस्कूँ[2] में हर सू
हक़ाइक़ ये सब ग़ैर-मालूम रहते
ख़ुदाई के असरार मक्तूम[3] रहते
सितारा शरीअत का ताबाँ न होता
असर इल्मे-दीं का नुमायाँ न होता
जुदा कुफ़्र से नूरे-ईमाँ न होता
मसाजिद में यूँ विर्दे-[4]क़ुरआँ न होता
ख़ुदा की सना माबुदों में न होती
अज़ाँ जा-ब-जा मस्जिदों में न होती
नहीं मिलती कोशिश से दुनिया ही तन्हा
कि अरकाने-दीं भी उसी पर हैं बरपा
जिन्हें हो न दुनिया-ए-फ़ानी की परवा
करें आख़िरत का ही वो काश सौदा
नहीं मिलते दुनिया की ख़ातिर अगर तुम
तो लो दीने-हक़ की ही उठकर ख़बर तुम

काहिली

बनी-नौअ[5] में दो तरह के हैं इंसाँ
तफ़ादत[6] है हालत में जिनकी नुमायाँ
कुछ उनमें हैं राहत-तलब और तन-आसाँ[7]
बदन के निगहबान, बिस्तर के दरबाँ
न मेहनत के माइल, न क़ुदरत के क़ाइल
समझते हैं तिनके को रस्ते में हाइल[8]
अगर हैं तवंगर[9] तो बेकार हैं सब
अपाहिज हैं, रोगी हैं, बीमार हैं सब
तअय्युश[10] के हाथों से लाचार हैं सब
तन-आसानियों में गिरफ़्तार हैं सब
बराबर है याँ उनका होना न होना
न कुछ जागना उनका बेहतर न सोना
अगर हैं तही-दस्त[11] और बेनवा वो
तो मेहनत से हैं जी चुराते सदा वो

---

1. प्रतिष्ठा, 2. संसार के विस्तार, 3. गुप्त, 4. पाठ, 5. मानव जाति, 6. फ़र्क़, 7. आरामतलब, 8. बाधा, 9. धनवान, 10. विलासिता, 11. खाली हाथ।

नसीबों का करते हैं अक्सर गिला वो
हिलाते नहीं कुछ मगर दस्तो-पा वो
अगर भीख मिल जाए क़िस्मत से उनको
तो सौ बार बेहतर है मेहनत से उनको
न जो बेनवा[1] हैं न हैं कुछ तवंगर
वो हैं ढोर की तरह क़ानअ[2] इसी पर
कि खाने को मिलता रहे पेट भर कर
नहीं बढ़ते बस इससे आगे क़दम भर
हुए ज़ेवरे-आदमीयत से आरी
मुअत्तल[3] हुईं क़ूवतें उनकी सारी
न हिम्मत कि मेहनत की सख़्ती उठाएँ
न जुरअत कि ख़तरों के मैदाँ में आएँ
न ग़ैरत कि ज़िल्लत से पहलू बचाएँ
न इब्रत कि दुनिया की समझें अदाएँ
न कल फ़िक्र थी ये कि हैं इसके फल क्या
न है आज परवा कि होना है कल क्या
नहीं करते खेती में वो जाँ फ़िशानी
न हल जोतते हैं न देते हैं पानी
प:' जब यास[4] करती है दिल पर गरानी[5]
तो कहते हैं हक़ की है नामेह्रबानी
नहीं लेते कुछ काम तदबीर से वो
सदा लड़ते रहते हैं तक़दीर से वो
कभी कहते हैं 'हेच[6] हैं सब ये सामाँ
कि ख़ुद ज़िदगी है कोई दिन की मेहमाँ
धरे सब ये रह जाएँगे काख़ो-ऐवाँ[7]
न बाक़ी रहेगी हुकूमत न फ़रमाँ
तरक़्क़ी अगर हमने की भी तो फिर क्या
ये बाज़ी अगर जीत ली भी तो फिर क्या
प:' सरगर्म कोशिश में जो रोज़ो-शब हैं
उठाते सदा बारे-रंजो-तअब[8] हैं

1. लाचार, 2. संतुष्ट, 3. व्यर्थ, 4. दुख, 5. बोझ, 6. तुच्छ, 7. महल, 8. थकान।

तरक़्क़ी के मैदाँ में सबक़ततलब[1] हैं
नुमाइश में दुनिया की भूले ये सब हैं
नहीं इनको कुछ अपनी मेहनत से कहना
बनाते हैं वो घर नहीं जिसमें रहना
कभी करते हैं अक़्ले-इंसाँ पे नफ़री[2]
कि बावस्फ़े-कोताहबीनी[3] है ख़ुदबीं[4]
वो तदबीरें इस तर्‌ह करती हैं तलक़ीं[5]
कि गोया खुला इसपे है सर्रे-तकवीं[6]
मगर सब ख़यालात हैं ख़ास उसके
अधूरे हैं जितने हैं याँ काम उसके
न असबाबे-राहत की उसको ख़बर कुछ
न आसारे-दौलत की उसको ख़बर कुछ
न इज़्ज़त न ज़िल्लत की उसको ख़बर कुछ
न कुल्फ़त न राहत की उसको ख़बर कुछ
न आगाह इससे कि हस्ती है शै क्या
न वाक़िफ़ की मक़सूद हस्ती से है क्या
कभी कहते हैं 'ज़ह्‌र है मालो-दौलत
उठाते हैं जिसके लिए रंजो-मेहनत
इसी से गुनाहों की होती है रग़बत
इसी से दिमाग़ों में आती है नख़वत
यही हक़ से करती है बन्दों को ग़ाफ़िल
हुए हैं अज़ाब इससे क़ौमों पे नाज़िल'
कभी कहते हैं 'सई-ओ-कोशिश से हासिल
कि मक़सूम[7] बिन कोशिशें सब हैं बातिल
नहीं होती कोशिश से तक़दीर ज़ाइल
बराबर हैं याँ मेहनती और काहिल
हिलाने से रोज़ी की गर डोर हिलती
तो रोटी निकम्मों को हरगिज़ न मिलती
निकम्मों के हैं सब ये दिलकश तराने
सुनाने को क़िसमत के रंगीं फ़साने

1. आगे बढ़ने की इच्छा, 2. लानत-मलामत, 3. तंगनज़री के बावजूद, 4. आत्मदम्भ, 5. नसीहत, 6. ब्रह्मांड का रहस्य, 7. भाग्य।

इसी तऱ्ह के करके हीले बहाने
नहीं चाहते दस्तो-बाज़ू हिलाने
वो भूले हुए हैं ये आदत ख़ुदा की
कि हरकत में होती है बरकत ख़ुदा की

काहिली की मज़म्मत

सुनी तुमने ये जिस जमाअत की हादत
तनज़्ज़ुल की बुनियाद है ये जमाअत
बिगड़ती हैं क़ौमें इसी की बदौलत
हआ उसकी है मुफ़्सिदें[1] मुल्को-मिल्लत
किया सूर-ओ-सैदा[2] को बरबाद उसी ने
बिगाड़ा दमिश्क़ और बग़दाद उसी ने
जहाँ है ज़मीं पर नहूसत है उनकी
जिधर है ज़माने में निकबत[3] है उनकी
मुसीबत का पैग़ाम कसरत है उनकी
तबाही का लश्कर जमाअत है उनकी
वजूद उनका अस्लुलबलीयात है याँ
ख़ुदा का ग़ज़ब उनकी बोहतात है याँ
सब ऐसे तन-आसानो-बेकार काहिल
तमद्दुन के हक़ में हैं ज़हरे-हलाहिल[4]
नहीं उनसे कुछ नौअ-ए-इंसाँ को हासिल
नहीं उनकी सोहबत कि है सितमे-क़ातिल[5]
ये जब फैलते हैं सिमटती है दौलत
ये जूँ जूँ कि बढ़ते हैं घटती है दौलत
जहाँ बढ़ गई इनकी तादाद हद से
हुई क़ौम महसूब[6] सब दामो-दद[7] से
रहा उसको बहर:[8] न हक़ की मदद से
वो अब बच नहीं सकती निकबत की ज़द से
बचो ऐसे शूमों[9] की परछाइयों से
डरो ऐसे चुपचाप यग़माइयों[10] से

---

1. बिगाड़ने वाली, 2. सूर—शाम देश का एक पुराना शहर। सैदा—यह भी एक शहर का नाम है, 3. तबाही, 4. एक ख़तरनाक ज़हर, 5. ख़तरनाक ज़हर, 6. शामिल, 7. चरिन्द-परिन्द, 8. हिस्सा, 9. मनहूस लोगों, 10. लुटेरों।

शराफ़ते-मेहनत

मगर इक फ़रीक़ और उनके सिवा है
शरफ़ जिससे नौअ-ए-बशर को मिला है
सब उस बज़्म में जिनका नूरो-ज़िया[1] है
सब उस बाग़ की जिनसे नश्वो-नुमा[2] है
हुए जो कि पैदा हैं मेहनत की ख़ातिर
बने हैं ज़माने की ख़िदमत की ख़ातिर

न राहत तलब हैं न मुहलत तलब वो
जगे रहते हैं काम में रोज़ो-शब वो
नहीं लेते दम एकदम बेसबब वो
बहुत जाग लेते हैं सोते हैं तब वो
वो थकते हैं और चैन पाती है दुनिया
कमाते हैं वो और खाती है दुनिया

चिनें गर न वो हों खँडर काख़ो-ऐवाँ
बुनें गर न वो शाहो-किश्वर हों उरियाँ
जो बोएँ न वो तो हों जाँदार बेजाँ
जो छाँटें न वो तो हों जंगल गुलिस्ताँ
ये चलती है गाड़ी उन्हीं के सहारे
जो वो कल से बैठें तो बेकल हों सारे

खपाते हैं कोशिश में ताबो-तवाँ[3] को
घुलाते हैं मेहनत में जिस्मो-रवाँ को
समझते नहीं उसमें जान अपनी जाँ को
वो मर मर के रखते हैं ज़िन्दा जहाँ को
बस इस तर्‌ह जीना इबादत है उनकी
और इस धुन में मरना शहादत है उनकी

मशक़्क़त में उम्र उनकी कटती है सारी
नहीं आती आराम की उनके बारी
सदा भाग दौड़ उनकी रहती है जारी
न आंधी में आजिज़ न मेंह में हैं आरी[4]
न लू जेठ की दम तुड़ाती है उनका
न ठर माघ की जी छुड़ाती है उनका

---

1. रौशनी, 2. विकसित, 3. सहनशक्ति, 4. झिझक।

न अहबाब की तैग़े-अहसाँ से घाइल
न बेटे से तालिब न भाई से साइल[1]
न दुख दर्द में रूए-आराम माइल[2]
न दरिया-ओ-कोह उनके रस्ते में हाइल[3]
सुने हों कभी रुस्तको-साम[4] जैसे
ग़यूर अब भी लाखों हैं गुमनाम ऐसे

किसी को ये धुन है कि जो कुछ कमाएँ
खिलाएँ कुछ औरों को कुछ आप खाएँ
किसी को यह कद[5] है कि झेलें बलाएँ
प:' अहसाँ किसी का न हरगिज़ उठाएँ
कोई मह्व है फ़िक्रे-फ़र्ज़न्दो-ज़न में
कोई चूर है हुब्बे-अहले-वतन में

जो मसरूफ़ है काश्तकारी में कोई
तो मशग़ूल दूकानदारी में कोई
अज़ीज़ों की है ग़मगुसारी में कोई
ज़ईफ़ों की ख़िदमतगुज़ारी में कोई
ये है अपनी राहत के सामान करता
वो कुनबे पे है जान क़ुरबान करता

कोई इस तगो-दौ[6] में रहता है हरदम
कि दौलत जहाँ तक हो कीजे फ़राहम
रहें जीते जी ताकि ख़ुद शादो-ख़ुर्रम
मरें जब तो दिल पर न ले जाएँ ये ग़म
कि बाद अपने खाएँगे फ़र्ज़न्दो-ज़न क्या
लिबास उनका और अपना होगा कफ़न क्या

बहुत दिल में अपने ये रखते हैं अरमाँ
कि कर जाएँ याँ कोई कारे-नुमायाँ
वो हों ताकि जब चश्मे-आलम से पिन्हाँ
तो ज़िक्रे-जमील उनका बाक़ी रहे याँ
यही तालिबे-शोहरतो-नाम लाखों
बनाते हैं जम्हूर के काम लाखों

---

1. माँगने वाला, 2. झुका हुआ, 3. व्यवधान, 4. रुस्तम और साम—ईरान के बहादुर। साम था दादा और रुस्तम उसका पोता, 5. कोशिश, परिश्रम, 6. दौड़-धूप।

मानव जाति की ग़मख़्वारी

बहुत मुख़्लिस और पाक बन्दे ख़ुदा के
निशाँ जिनसे क़ाइम हैं सिद्क़ो-सफ़ा के
न शोहरत के ख़्वाहाँ न तालिब सना के
नुमाइश से बेज़ार दुश्मन रिया के
रियाज़त सब उनकी ख़ुदा के लिए है
मशक़्क़त सब उनकी रज़ा के लिए है
कोई उनमें है हक़ की ताअत[1] पे मफ़्तूँ[2]
कोई नामे-हक़ की इशाअत[3] पे मफ़्तूँ
कोई ज़ह्दो-सब्रो-क़नाअत[4] पे मफ़्तूँ
कोई पन्दो-वा'ज़े-जमाअत[5] पे मफ़्तूँ
कोई मौज से आपको है बचाता
कोई नाव है डूबतों की तराता
बहुत नौअ-ए-इंसाँ के ग़मख़्वारो-यावर
हवाख़्वाहे[6] मिल्लत ब-अन्देशे-किश्वर[7]
शदायद[8] के दरिया-ए-ख़ूं में शनावर[9]
जहाँ की पुर-आशोब[10] कश्ती के लंगर
हर इक क़ौम की हस्तो-बूद[11] उनसे है याँ
सब उस अंजुमन की नमूद[12] उनसे है याँ
किसी पर हो सख़्ती सऊबत[13] है उन पर
किसी को हो ग़म रंजो-कुल्फ़त है उन पर
कहीं हो फ़लाकत[14] मुसीबत है उन पर
कहीं आए आफ़त क़यामत है उन पर
किसी पर चलें तीर आमाज[15] हैं ये
लुटे कोई रहगीर ताराज[16] हैं ये
ये हैं हश्र तक बात पर अड़ने वाले
ये पैमाँ को मयख़ूं[17] से हैं जड़ने वाले
ये फ़ौजे-हवादिस से हैं लड़ने वाले
ये ग़ैरों की हैं आग में पड़ने वाले
उमड़ता है रुकने से और उनका दरिया
जुनूँ से ज़ियादः है कुछ उनका सौदा

---

1. उपासना, 2. फ़िदा, 3. प्रसाद, 4. सब्र और सन्तोष, 5. हितोपदेश, 6. कुशल चाहने वाला, 7. सम्राट, 8. ज़माने की सख़्तियाँ, 9. तैरने वाला, 10. फ़साद से भरा हुआ, 11. अस्तित्व, 12. प्रकट, 13. परेशानी, 14. दरिद्रता, 15. निशाना, 16. नीलाम, 17. कीलों।

जमाते हैं जब पाँव हटते नहीं ये
बढ़ा कर क़दम फिर पलटते नहीं ये
गए फैल जब फिर सिमटते नहीं ये
जहाँ बढ़ गए बढ़ के घटते नहीं ये
मुहिम बिन किए सर नहीं बैठते ये
जब उठते हैं उठ कर नहीं बैठते ये

ख़ुदा ने अता की है जो उनको क़ूवत
समाई है दिल में बहुत उसकी अज़मत
नहीं फेरती उनका मुँह कोई ज़हमत
नहीं कटती ज़ेर उनको कोई सऊबत
भरोसे पे अपने दिलो-दस्तो-पा के
समझते हैं साथ अपने लश्कर ख़ुदा के

नहीं मरहला कोई दुश्वार उनको
हर इक राह मिलती है हमवार उनको
गुलिस्ताँ है सहरा-ए-पुरख़ार उनको
बराबर है मैदानो-कुहसार उनको
नहीं हाइल उनके कोई रहगुज़र में
समन्दर है पायाब[1] उनकी नज़र में

इसी तरह याँ अह्ले-हिम्मत हैं जितने
कमरबस्त: हैं काम पर अपने अपने
जहाँ की है सब धूमधाम उनके दम से
फ़क़ीर और ग़नी सब तुफ़ैली[2] हैं उनके
बग़ैर उनके बेसाज़ो-सामाँ थी मजलिस
न होते अगर ये तो वीराँ थी मजलिस

ज़मीं सब ख़ुदा की है गुलज़ार उन्हीं से
ज़माने का है गर्म बाज़ार उन्हीं से
मिले हैं सआदत के आसार उन्हीं से
खुले हैं ख़ुदाई के असरार उन्हीं से
उन्हीं पर है कुछ फ़ख़्र गर है किसी को
उन्हीं से है गर है शरफ़ आदमी को

उन्हीं से है आबाद हर मुल्को-दौलत
उन्हीं से है सरसब्ज़ हर क़ौमो-मिल्लत

1. उथला, 2. बिना बुलाए।

उन्हीं पर है मौक़ूफ़ क़ौमों की इज़्ज़त
उन्हीं की है सब रुब्अ मस्कूँ[1] में बरकत
दम उनका है दुनिया में रहमत ख़ुदा की
उन्हीं को है फबती ख़िलाफ़त ख़ुदा की
उन्हीं का उजाला है हर रहगुज़र में
उन्हीं की है ये रौशनी दश्तो-दर में
उन्हीं का ज़हूरा है सब ख़ुश्को-तर में
उन्हीं के करिश्मे हैं सब बह्‌रो-बर में
उन्हीं से ये रुतबा था आदम ने पाया
कि सर उससे रूहानियों ने झुकाया
हर इक मुल्क में ख़ैरो-बरकत है उनसे
हर इक क़ौम की शानो-शौकत है उनसे
नजाबत है उनसे, शराफ़त है उनसे
शरफ़ उनसे, फ़ख़्र उनसे, इज़्ज़त है उनसे
जफ़ाकश बनो गर हो इज़्ज़त के ख़्वाहाँ
कि इज़्ज़त का है भेद ज़िल्लत में पिन्हाँ
मशक़्क़त की ज़िल्लत जिन्होंने उठाई
जहाँ में मिली उनको आख़िर बड़ाई
किसी ने बग़ैर उसके हरगिज़ न पाई
फ़ज़ीलत, न इज़्ज़त न फ़रमाँरवाई
निहाल[2] इस गुलिस्ताँ में जितने बड़े हैं
हमेशा वो नीचे से ऊपर चढ़े हैं
हुकूमत मिली उनको सफ़्फ़ार[3] थे जो
इमामत को पहुँचे वो क़स्सार[4] थे जो
वो क़त्बे-ज़माँ[5] ठहरे अत्तार[6] थे जो
बने मरजअ-ए-ख़ल्क नज्जार[7] थे जो
अबुल फ़ज़्ल याँ उट्ठे सर्राज[8] कितने
अबुल वक़्त याँ गुज़रे हल्लाज[9] कितने
न बू नस्र[10] था नौअ में हमसे बाला
न था बू अली[11] कुछ जहाँ से निराला

1. पृथ्वी की नाप, जिसमें तीन-चौथाई जल और एक-चौथाई थल है, 2. पेड़, 3. ठठेरे (ख़ुरासान में सफ़्फ़ारियों की हुकूमत तीस बरस रही है।), 4. धोबी, 5. जमाने के शिलालेख, 6. तेली, 7. बढ़ई, 8. ज़ीन बनाने वाला, 9. धुनिया, 10. हकीम फ़ाराबी, जो मुअल्लिम सानी के नाम से मशहूर है, 11. बू अली सीना, मशहूर चिकित्साविज्ञानी।

तबीअत को बचपन से मेहनत में डाला
हुए इसलिए साहिबे-क़द्रे-वाला
अगर फ़िक्रे-कस्बे-हुनर तुमको भी हो
तुम्हीं फिर अबू नस्र और बू अली हो

ज्ञान और कलाओं से आत्मीयता

बड़ा जुल्म अपने पे तुमने किया है
कि इज़्ज़त की याँ जिस सुतूँ पर बिना[1] है
तरक़्क़ी की मंज़िल का जो रहनुमा है
तनज़्ज़ुल की कश्ती का जो नाख़ुदा है
क़वीपुश्त[2] थीं जिससे पुश्तें तुम्हारी
हुई दस्त-बरदार क़ौम उससे सारी
हुनर है न तुममें फ़ज़ीलत है बाक़ी
न इल्मो-अदब है न हिकमत है बाक़ी
न मंतिक़[3] है बाक़ी न हय्यत[4] है बाक़ी
अगर है तो कुछ क़ाबलीयत है बाक़ी
अँधेरा न छा जाये इस घर में देखो
फिर उकसा दो इस टिमटिमाते दिये को
बहुत हममें और तुममें जौहर हैं मख़फ़ी[5]
ख़बर कुछ न हमको न तुमको है जिनकी
अगर जीते जी कुछ न उनकी ख़बर ली
तो हो जाएँगे मिल के मिट्टी में मिट्टी
ये जौहर हैं हममें अमानत ख़ुदा की
मबादा तलफ़ से वदीअत[6] ख़ुदा की
यही नौजवाँ फिरते आज़ाद जो हैं
कमीनों की सोहबत में बरबाद जो हैं
शरीफ़ों की कहलाते औलाद जो हैं
मगर नंगे-आबादो-अजदाद जो हैं
अगर नक़्दे-फ़ुरसात[7] न यूँ मुफ़्त खोते
यही फ़ख़्रे-आबा-ओ-अजदाद होते

1. आधारित, 2. मज़बूत, 3. तर्कशास्त्र, 4. गुरुत्वाकर्षण का सिद्धान्त, 5. निहित, 6. अमानत, 7. वक़्त की पूँजी।

यही जो कि फिरते हैं बे-इल्मो-जाहिल
बहुत इनमें हैं जिनके जौहर हैं क़ाबिल
रज़ाइल में पिन्हा हैं इनके फ़ज़ाइल
इन्हीं नाक़िसों में है पोशीद: कामिल
न होते अगर माइले-लह्वो-बाज़ी
हज़ारों इन्हीं में थे तूसी व राज़ी[1]
यही क़ौम है जिसमें क़ह्त आदमी का
जहाँ शोर है हर तरफ़ नाकिसी का
नहीं जह्ल में जिसके हिस्सा किसी का
कभी इल्मो-फ़न में था क़ब्ज़ा इसी का
वो थीं बरकतें सई-ओ-कोशिश की सारी
वही खूँ है वरना रगों में हमारी
हुकूमत से मायूस तुम हो चुके हो
ज़रो-माल से हाथ तुम धो चुके हो
दिलेरी को ढंग ढंक के मुँह रो चुके हो
बुज़ुर्गी बुज़ुर्गों की सब खो चुके हो
मदार अब फ़क़त इल्म पर है शरफ़ का
कि बाक़ी है तर्क: यही इक सलफ़ का
हमेशा से जो कहते आए हैं सब याँ
कि है इल्म सरमाय:-ए-फ़ख़्रे-इंसाँ
अरब और अजम हिन्द और मिस्रो-यूनाँ
रहा इत्तेफ़ाक़ इसपे क़ौमों का यकसाँ
ये दावा था इक जिसपे हुज्जत न थी कुछ
खुली उसपे अब तक शहादत न थी कुछ
जवाहिर था इक सबकी नज़रों में भारी
परखने की जिसके न आई थी बारी
फ़ज़ाइल थे सब इल्म के ए'तबारी
न थीं ताक़तें इसकी मा'लूम सारी
प:' अब बह्रो-बर दे रहे हैं गवाही
कि है इल्म में ज़ोरे-दस्ते-इलाही
किया कोहसारों को मिस्मार इसने
बनाया समन्दर को बाज़ार इसने

1. तूसी व राज़ी : प्रसिद्ध विद्वान (राज़ी : इमाम फ़ख़्रुद्दीन राज़ी)

ज़मीनों को बनवाया दव्वार[1] इसने
सवाबत[2] को ठहराया सय्यार[3] इसने
लिया भाप से काम लश्करकशी का
दिया पुतलियों को सकत आदमी का
ये पत्थर का ईंधन है जलवाने वाला
जहाज़ों को ख़ुश्की में चलवाने वाला
सदाओं को साँचे में ढलवाने वाला
ज़मीं के ख़ज़ाने उगलवाने वाला
यही बर्क़ को नाम:बर है बनाता
यही आदमी को है बेपर उड़ाता
तमद्दुन के ऐवाँ का मे'मार है ये
तरक़्क़ी के लश्कर का सालार है ये
कहीं दस्तकारों का औज़ार है ये
कहीं जंगजूओं का हथियार है ये
दिखाया है नीचा दिलेरों को इसने
बनाया है रूबाह[4] शेरों को इसने
इसी की है अब चार सू हुक्मरानी
किए इसने ज़ेर अरमनी और यमानी[5]
हुए राम[6] दीवाने-माज़न्दरानी[7]
गए ज़ाबली[8] भूल सब पहलवानी
हुआ इसकी ताक़त से तस्ख़ीर आलम
पड़े सामने इसके चर्कस[9] न दीलम
ये लाखों पे है सैकड़ों को चढ़ाता
सवारों को प्यादों से है ज़क दिलाता
जहाज़ों से है ज़ोरक़ों[10] को भिड़ाता
हिसारों[11] को है चुटकियों में उड़ाता
हुआ कोई हरबों[12] से इसके न सरबर[13]
न ठहरे ज़िरह इसके आगे न बक्तर
जिन्होंने बनाया इसे अपना यावर
हर इक राह में उसको ठहराया रहबर

1. गर्दिश करने वाली, 2. जो गर्दिश न करे, 3. नक्षत्र, 4. लोमड़ी, 5. अरमन और यमन वालों को, 6. वशीभूत, 7. यह स्थान दीलम और मेलान के पूरब में है, 8. पुराने ज़माने में ज़ाबिल के नाम से वह मुल्क मशहूर था जिसके पूरब में काबिल, पश्चिम में सीस्तान, दक्षिण में सिंध और उत्तर में कोहिस्तान हज़ारा है, 9. सरकेशिया के लोग, 10. नावों, 11. शहर के चारों तरफ़ बनाई जाने वाली फ़सीलों, 12. तदबीर, 13. ओहदा।

ये क़ौल आजकल सादिक़ आता है उन पर
कि इक नौअ[1] है नौअ-ए-इंसाँ[2] से बरतर
अलग सबसे काम उनके और तौर हैं कुछ
अगर सब हैं इंसाँ तो वो और हैं कुछ

बहुत उनको मो'जिज़-नुमा[3] जानते हैं
बहुत देवता उनको गर्दानते हैं
प:' जो ठीक ठीक उनको पहचानते हैं
वो इतना मुक़र्रर[4] उन्हें मानते हैं
कि दुनिया ने जो की थी अब तक कमाई
वो सब जुज़्वो-कुल[5] उनके हिस्सा में आई

किया इल्म ने उनको हर फ़न में यकता
न हमसर रहा उनका कोई न हमता[6]
हर एक चीज़ उनकी, हर इक काम उनका
समझ बूझ से है ज़माने की बाला
सनाए[7] को सब उनकी तकते हैं ऐसे
अजाइब में क़ुदरत के हैराँ हों जैसे

दिए इल्म ने खोल उन पर ख़ज़ाने
छुपे और ज़ाहिर, नये और पुराने
दिखाये उन्हें ग़ैब के मालख़ाने
बताये फ़ुतूहात के सब ठिकाने
हवा जैसे छाई है सब बह्रों-बर पर
वो यूँ छा गये ख़ावर और बाख़तर[8] पर

ये सच है कि है अस्ल तालीम दौलत
रही है सदा पुश्ते-हिकमत हुकूमत
हुई सल्तनत जिनकी दुनिया से रुख़्सत
न इल्म उनमें बाक़ी रहा और न हिकमत
न यूनान महकूम हो कर रहा कुछ
न ईरान ताज अपना खो कर रहा कुछ

प:' इक ख़ारकश[9] सब्रो-हिम्मत में कामिल
ये कहता था मेहनत से घटता था जब दिल

---

1. जाति, 2. मानव जाति, 3. चमत्कार दिखाने वाला, 4. विश्वसनीयता के साथ, 5. पूरे का पूरा, 6. बराबर, 7. व्यवसायों, 8. पूरब और पश्चिम, 9. सख़्त मेहनत करने वाला।

कि ज़िन सख़्तियों को उठाना है मुश्किल
वही हैं कुछ ऐ दिल उठाने के क़ाबिल
हलाल आदमी पर है खाना न पीना
न हो एक जब तक लहू और पसीना
नहीं सह्ल गर सैद[1] का हाथ आना
तो लाज़िम है घोड़ों को सरपट भगाना
न बैठो जो है बोझ भारी उठाना
ज़रा तेज़ हाँको जो है दूर जाना
ज़माना अगर हमसे ज़ोर-आज़मा है
तो वक़्त ऐ अज़ीज़ो यही ज़ोर का है

गुज़रे ज़माने में तालीमी कोशिशें

करो याद अपने बुज़ुर्गों की हालत
शदाइद[2] में जो हारते थे न हिम्मत
उठाते थे बरसों सफ़र की मशक़्क़त
ग़रीबी में करते थे कस्बे-फ़ज़ीलत[3]
जहाँ खोज पाते थे इल्मो-हुनर का
निकल घर से लेते थे रस्ता उधर का
इराक़ीनो - शामातो - ख़्वारिज़्मो - तूराँ[4]
जहाँ जिन्से-तालीम[5] सुनते थे अरज़ाँ[6]
वहीं पे सिपर[7] करके कोहो-बयाबाँ
पहुँचते थे तल्लाब[8] उफ़्ताँ[9] व ख़ेज़ाँ[10]
जहाँ तक अमल दीन इस्लाम का था
हर इक राह में उनका तांता बँधा था
निज़ामीयः, नूरीयः, मुस्तंसरीयः
नफ़ीसीयः, सत्तीयः और साहबीयः

---

1. शिकार, 2. कठिनाइयों, 3. प्रतिष्ठा की कमाई, 4. **इराक़ीन** : इराक़ के दोनों भाग, इराक़े-अरब और इराक़े-अजमा, **शामात** : मुल्क शाम के विभिन्न हिस्से, **ख़्वारिज़्म** : ख़ुरारान के उत्तर में एक इलाक़ा, जहाँ का बादशाह हुआ था सुल्तान मुहम्मद ख़्वारिज़्म, **तूरान** : सिन्धु नदी से यूराल की झील तक का इलाक़ा, 5. शिक्षा का तत्त्व, 6. सरलतापूर्वक उपलब्ध, 7. पार, 8. जिज्ञासु लोग, 9-10. गिरते-पड़ते।

रवाहीय:, अज़्ज़ीय: और क़ाहरीय:
अज़ीज़ीय:, ज़ीनीय: और नासरीय:*
ये कालिज थे मर्कज़ सब आफ़ाक़ियों[1] के
'हिजाज़ी' व 'कुर्दी' व 'क़ब्चाक़ियों'** के

बशर को है लाज़िम कि हिम्मत न हारे
जहाँ तक हो काम आप अपना सँवारे
ख़ुदा के सिवा छोड़ दे सब सहारे
कि हैं आरज़ी[2] ज़ोर कमज़ोर सारे
अड़े वक़्त तुम दायें-बायें न झाँको
सदा अपनी गाड़ी को तुम आप हाँको

बहुत ख़्वान बेइश्तिहा तुमने खाये
बहुत बोझ बँध बँध के तुमने उठाये
बहुत आस पर साज़ की राग गाये
बहुत आरज़ी तुमने जल्वे दिखाये
बस अब अपनी गर्दन पे रक्खो जुवा तुम
करो हाजतें आप अपनी रवा तुम

तुम्हीं अपनी मुश्किल को आसाँ करोगे
तुम्हीं दर्द का अपने दरमाँ करोगे
तुम्हीं अपनी मंज़िल का सामाँ करोगे
करोगे तुम्हीं कुछ अगर याँ करोगे
छुपा दस्ते-हिम्मत में ज़ोरे-क़ज़ा है
मसल है कि हिम्मत का हामी ख़ुदा है

सरासर हो गो सल्तनत फ़ैज़ गस्तर
रईयत[3] की ख़ुद तरबियत में हो यावर
मगर कोई हालत नहीं इससे बदतर
कि हर बोझ हो क़ौम का सल्तनत पर
हो इस तरह हाथों में उसके रईयत
कि क़ब्ज़े में ग़ुस्साल[4] के जैसे मय्यत

वही गुर तिजारत के उसको सुझाए
वही सनअत और हिर्फ़त उसको बताए

---

* पुराने मदरसों के नाम

1. दुनिया वालों, 2. तात्कालिक, 3. रय्यत, 4. मुर्दे को नहलाने वाला।

** चौथी पंक्ति में '—' क़ौमों के नाम।

वही कश्तकारी के आईं सिखाए
वही उसको लिखवाए वो ही पढ़ाए
मिला जिस रईयत को ऐसा सहारा
किया आदमीयत ने उससे किनारा
यही सल्तनत की है काफ़ी अआनत[1]
कि हो मुल्क में अम्न उसकी बदौलत
नफ़ूस[2] और अमवाल[3] की हो हिफ़ाज़त
हुकूमत में हो एतदाल[4] और अदालत[5]
न तोड़ा[6] रईयत पे बेजा हो कोई
न क़ानून छुट कारफ़र्मा हो कोई
जहाँ हो ये अन्दाज़े-फ़र्मारवाई
रईयत की है वाँ निपट बेहयाई
कि हर काम में आस ढूँढे पराई
करे आप अपनी न मुश्किलकुशाई
खड़ा हो सहारे इक अड़वार के घर
हटी वो जहाँ, आ रहा ये ज़मीं पर
गया अब वह दिल-तंगियों का ज़माना
कि अपनों का हिस्सा था पढ़ना-पढ़ाना
बिरहमन का पहने अगर शुद्र बाना
तो उस पर नहीं कोई अब ताज़ियाना[7]
हुए बरतरफ़ सब नशेबो-फ़राज़ अब
सफ़ेदो-सियाह में नहीं इम्तियाज़ अब
बस अब वक़्त का हुक्मे-नातिक़ यही है
कि जो कुछ है दुनिया में तालीम ही है
यही आजकल अस्ले-फ़रमाँ दही है
इसी में छुपा सरे-शाहंशही है
मिली है ये ताक़त इसी कीमिया को
कि करती है ये एक शाहो-गदा को
सिखाती है महकूम को ये इताअत
सुझाती है हाकिम को राहे-अदालत

---

1. मदद, 2. इंद्रियाँ, 3. व्यवहार, 4. संतुलन, 5. न्याय, 6. अत्याचार, 7. कोड़ा।

दिलों से मिटाती है नक़्शे-अदावत
जहाँ से उठाती है रस्मे-बग़ावत
यही है रईयत को हक़दार करती
यही है कहो-मह[1] को हमवार करती
सुनी है ग़रीबों की फ़रियाद इसी ने
किया है ग़ुलामी को बरबाद इसी ने
रिपब्लिक की डाली है बुनियाद इसी ने
बनाया है पब्लिक को आज़ाद इसी ने
मुक़य्यद भी करती है ये और रिहा भी
बनाती है आज़ाद भी बावफ़ा भी
तिजारत ने रौनक़ है ये इससे पाई
कि हेच इसके आगे है फ़र्मांरवाई
फ़लाहत[2] की ये मंज़िलत है बढ़ाई
कि फ़ल्लाह[3] करते हैं मोजिज़नुमाई
तरक़्क़ी ये सनअत को दी है बला की
कि होती है मालूम क़ुदरत ख़ुदा की
ये नाइत्तेफ़ाक़ी है क़ौमों से खोती
ये क़ौमी मुहब्बत का है बीज बोती
ये आपस के कीने[4] दिलों से है धोती
ये दाने है सब एक लड़ में पिरोती
ये नुक़्तों पे ख़त की तरह है गुज़रती
करोड़ों दिलों को है ये एक करती
जहाँ ये नहीं वाँ न क़ौम और न मिल्लत
न मुल्की हिमायत न क़ौमी हमीयत
जुदा सबके रंज और जुदा सबकी राहत
अलग सबकी इज़्ज़त अलग सबकी ज़िल्लत
ख़बर वाँ नहीं ये कि है क़ौम शै क्या
छुपा सर्रे-हक़[5] इस तअल्लुक़ में है क्या
जिन्होंने की तालीम की क़द्रो-क़ीमत
न जानी मुसल्लत[6] हुई उनपे ज़िल्लत

---

1. छोटा और बड़ा, 2. खेती-किसानी, 3. किसान, 4. बुग्ज़, 5. सत्य का रहस्य, 6. सवार।

मलूक और सलातीं ने खोई हुकूमत
घरानों पे छाई अमीरों की निकबत
रहे ख़ानदानी न इज़्ज़त के क़ाबिल
हुए सारे दावे शराफ़त के बातिल
न चलते हैं वाँ काम कारीगरों के
न बरकत है पेशे में पेश:वरों की
बिगड़ने लगे खेल सौदागरों के
हुए बन्द दरवाज़े अक्सर घरों के
कमाते थे दौलत जो दिन-रात बैठे
वो हैं अब धरे हाथ पे हाथ बैठे
हुनर और फ़न वां हैं सब घटते जाते
हुनरमन्द हैं रोज़ो-शब घटते जाते
अदीबों के फ़ज़्लो-अदब घटते जाते
तबीब और उनके मतब घटते जाते
हुए पस्त सब फ़लसफ़ी और मनाज़िर[1]
न नाज़िम[2] हैं सरसब्ज़ उनके न नासिर[3]
अगर इक पहनने को टोपी बनाएँ
तो कपड़ा वो इक और दुनिया से लाएँ
जो सीने को वो एक सूई मँगाएँ
तो मश्रिक़ से मग़्रिब में लेने को जाएँ
हर इक शै में ग़ैरों के मुहताज हैं वो
मैकेनिक्स की रौ में ताराज हैं वो
न पास उनके चादर न बिस्तर है घर का
न बर्तन हैं घर के, न ज़ेवर है घर का
न चाक़ू, न क़ैंची, न नश्तर है घर का
सुराही है घर की, न साग़र है घर का
कँवल मजलिसों में, क़लम दफ़्तरों में
असासा है सब आरियत[4] का घरों में
जो मग़्रिब से आए न माले-तिजारत
तो मर जाएँ भूखे वहाँ अह्ले-हिर्फ़त

1. शास्त्रार्थ करने वाले, 2. नज़्म कहने वाला, 3. गद्य लिखने वाला, 4. उधार।

हो तज्जार[1] पर बन्द राहे-मईशत[2]
दुकानों में ढूँढे न पाये बिज़ाअत[3]
पराये सहारे हैं बेवपार वाँ सब
तुफ़ैली[4] हैं सेठ और तज्जार वाँ सब
ये हैं तर्के-तालीम की सब सज़ाएँ
वो काश अब भी ग़फ़लत से बाज़ अपनी आएँ
मबादा रहे-आफ़ियत फिर न पाएँ
कि हैं बेपनाह आने वाली बलाएँ
हवा बढ़ती जाती सरे-रहगुज़र है
चराग़ों को फ़ानूस बिन अब ख़तर है
लिए फ़र्द बख़्शी-ए-दौराँ[5] खड़ा है
हर इक फ़ौज का जायज़ा ले रहा है
जिन्हें माहिर और करतबी देखता है
उन्हें बख़्शता तैग़ौ-तब्लो-लिवा[6] है
प: ' हैं बेहुनर यक क़लम छुटते जाते
रिसालों से नाम उनके हैं कटते जाते
बस अब इल्मो-फ़न के वो फैलाओ सामाँ
कि नस्लें तुम्हारी बनें जिनसे इंसाँ
ग़रीबों को राहे-तरक़्क़ी हो आसाँ
अमीरों में हो नूरे-तालीम ताबाँ
कोई उनमें दुनिया की इज़्ज़त को थामे
कोई कश्ती-ए-दीनो-मिल्लत को थामे
बने क़ौम खाने कमाने के क़ाबिल
ज़माने में हो मुँह दिखाने के क़ाबिल
तमद्दुन की मजलिस में आने के क़ाबिल
ख़िताब आदमीयत का पाने के क़ाबिल
समझने लगें अपने सब नेको-बद वो
लगें करने आप अपनी अपनी मदद वो
करो क़द्र उनकी हुनर जिनमें पाओ
तरक़्क़ी की ओर उनको रग़बत दिलाओ

---

1. व्यापारी, 2. व्यवसाय, 3. सामान, 4. बिन बुलाए, 5. युगरूपी फ़ौज का अफ़सर, 6. तलवार, ढोल और झंडा।

दिल और हौसले उनके मिल कर बढ़ाओ
सुतूँ इस खँडर घर के ऐसे बनाओ
कोई क़ौम की जिनसे ख़िदमत बन आये
बिठाएँ उन्हें सर पे अपने पराये
करोगे अगर ऐसे लोगों की इज़्ज़त
तो पाओगे अपने में तुम इक जमाअत
बढ़ाएगी जो क़ौम की शानो-शौकत
घरानों में फैलाएगी ख़ैरो-बरकत
मदद जिस क़दर तुमसे वो आज लेगी
एवज़ तुमको कल उसका दह-चंद[1] देगी
तरक़्क़ी के यूनाँ के असबाब क्या थे
हुनर पर जहाँ पीरो-बर्ना[2] फ़िदा थे
तमद्दुन के मैदाँ में ज़ोर-आज़मा थे
वतन की मुहब्बत में यक्सर फ़ना थे
मक़ासिद बड़े और इरादे थे आली
न था उससे छोटा बड़ा कोई ख़ाली
सबब कुछ न था उसका जुज़ क़द्रदानी
कि होते थे जो इल्मो-हिकमत के बानी
तरक़्क़ी में करते थे जो जाँफ़िशानी
हयात उनको मिलती थी वाँ जाविदानी[3]
वतन जीते जी उनपे क़ुर्बां था सारा
पस अज़-मर्ग[4] पुजते थे वो आशकारा
इसी गुर ने था जोश सबको दिलाया
कि था इक जज़ीरः ने रुत्बा ये पाया
इसी शौक़ ने था दिलों को बढ़ाया
इसी ने था यूनाँ को यूनाँ बनाया
इस उम्मीद पर कोशिशें थीं ये सारी
कि हो क़ौम के दिल में अज़मत हमारी
जिन्हें मुल्क में अपनी रखनी हो वक़अत
जिन्हें सल्तनत की हो मतलूब क़ुर्बत

---

1. दह-चंद = दस गुना, 2. बूढ़े और जवान, 3. शाश्वत, 4. मरने के बाद भी।

जिन्हें थामनी हो घराने की इज़्ज़त
जिन्हें दीन की हो न मंज़ूर ज़िल्लत
जिन्हें नस्लो-औलाद हो अपनी प्यारी
उन्हें फ़र्ज़ है क़ौम की ग़मसुसारी
बहुत दिल हैं नर्म इन दिनों होते जाते
कि हालत पे हैं क़ौम की उमड़े आते
तनज़्ज़ुल पे हैं इसके आँसू बहाते
नहीं आप कुछ करके लेकिन दिखाते
ख़बर भी है दिल उनके जलते हैं किस पर
वो हैं आप ही हाथ मलते हैं जिस पर
रईसों की, जागीरदारों की दौलत
फ़क़ीहों की, दानिशवरों की फ़ज़ीलत
बुज़ुर्गों की और वाइज़ों की नसीहत
अदीबों की और शाइरों की फ़साहत
जचे तब कुछ आँखों में अह्ले-वतन की
जो काम आए बहबूद में अंजुमन की
जमाअत की इज़्ज़त में है सबकी इज़्ज़त
जमाअत की ज़िल्लत में है सबकी ज़िल्लत
रही है न हरगिज़ रहेगी सलामत
न शख़्सी बुज़ुर्गी* न शख़्सी हुकूमत
वही शाख़ फूलेगी याँ और फलेगी
हरी होगी जड़ इस गुलिस्ताँ में जिसकी
ज़ख़ीरा है जब चीवँटा कोई पाता
तो भागा जमाअत में है अपनी आता
उन्हें साथ ले ले के है याँ से जाता
फ़तूह[1] अपनी एक एक को है दिखाता
सदा उनके हैं इस तरह काम चलते
कमाई से इक इक की लाखों हैं पलते
जब इक चीवँटा जिसमें दानिश न हिकमत
बनी-नौअ[2] की अपने बर लाए हाजत

* वैयक्तिक श्रेष्ठता
1. कमाई, विजय, 2. आपनी नस्ल।

मईशत से इक इक को बख़्शे फ़राग़त
करे उन पे वक़्फ़ अपनी सारी ग़नीमत
तो इससे ज़ियादः है बेग़ैरती क्या
कि हो आदमी को न पास आदमी का
ग़ज़ब है कि जो नौअ हो सबसे बरतर
गिने आप को जो कि आलम का सरवर
फ़रिश्तों से जो समझे अपने को बढ़ कर
ख़ुदा का बने जो कि दुनिया में मज़हर
न हो मर्दुमी का निशाँ उसमें इतना
मुसल्लम है मिट्टी के कीड़ों में जितना
इलाही बहक़्क़े-रसूले-तहामी*
हर इक फ़र्दे-इंसाँ का था जो कि हामी
जिसे दूर नज़दीक थे सब गिरामी
बराबर थे मक्की-ओ-ज़ंगी व शामी
शरीरों[1] को साथ अपने जिसने निबाहा
बुरों का हमेशा भला जिसने चाहा
तुफ़ैल उसका और उसकी इतरत[2] का या रब
पकड़ जल्द हाथ उसकी उम्मत का या रब
इक अब्र उसपे भेज अपनी रहमत का या रब
ग़ुबार उससे जो धोए ज़िल्लत का या रब
कि मिल्लत को है नंगे-हस्ती से उसकी
हुआ पस्त इस्लाम पस्ती से उसकी
बचा उनको इस तंगना-ए-बला[3] से
कि रस्ता हो गुम रहरवो-रहनुमा से
न उम्मीदे-यारी हो यार-आशना से
न चश्मे-अआनत[4] हो दस्तो-असा[5] से
चपो-रास्त[6] छाई हुई ज़ुल्मतें[7] हों
दिलों में उमीदों की जा हसरतें हों
उन्हें कल की फ़िक्र आज करनी सिखा दे
ज़रा उनकी आँखों से पर्दा उठा दे

---

* तहामा के निवासी, अर्थात् ह. मुहम्मद

1. शरारत करने वालों, 2. नस्ल, 3. मुसीबतों का तंग रास्ता, 4. सहायता की दृष्टि, 5. हाथ और डंडा, 6. दाहिने-बाएँ, 7. अन्धकार।

कमींगाहे-बाज़ी-ए-दौराँ[1] दिखा दे
जो होना है कल आज उनको सुझा दे
छतें पाट लें ताकि बाराँ[2] से पहले
सफ़ीना बना रक्खें तूफ़ाँ से पहले

1. ज़मानों के खेल में घात लगाना, 2. बारिश।

अर्ज़े-हाल*

ऐ ख़ास:-ए-ख़ासाने-रुसल[1] वक़्ते दुआ है
उम्मत पे तेरी आके अजब वक़्त पड़ा है

जो दीन बड़ी शान से निकला था वतन से
परदेस में वो आज ग़रीबुल-ग़ुरबा[2] है

जिस दीन के मदऊ[3] थे कभी सीज़रो-कसरा[4]
ख़ुद आज वो मेहमान-सराए-ए-फ़ुक़रा है

वो दीन हुई बज़्मे-जहाँ जिससे चरागाँ
अब उसकी मजालिस में न बत्ती न दिया है

जो दीन कि था शिर्क से आलम में निगहबाँ
अब उसका निगहबान अगर है तो ख़ुदा है

जो तफ़रक़े अक़वाम[5] के आया था मिटाने
उस दीन में ख़ुद तफ़रक़: अब आके पड़ा है

जिस दीन ने ग़ैरों के थे दिल आके मिलाए
उस दीन में ख़ुद भाई से अब भाई जुदा है

जो दीन कि हमदर्दे-बनी-नौअ-ए-बशर[6] था
अब जंगो-जदल चार तरफ़ उसमें बपा है

---

* वर्तमान स्थिति। (ह. मुहम्मद साहब के प्रति)

1. ख़ास पैग़म्बरों में भी ख़ास पैग़म्बर, 2. परदेसियों में भी परदेसी, 3. आमंत्रित, 4. बादशाहों के नाम, 5. क़ौमों, 6. मानव जाति का हमदर्द।

जिस दीन का था फ़क्र भी अक्सीर ग़ना भी
उस दीन में अब फ़क्र है बाक़ी न ग़ना है

जो दीन कि गोदी में पला था हुकमा की
वो उर्ज़:-ए-तैग़े-जोहला[1]-ओ-सफ़हा[2] है

जिस दीन की हुज्जत से सब अदयान थे मग़लूब
अब मोअतरिज़ उस दीन पे हर हर्ज़ा-सरा[3] है

है दीन तेरा अब भी वही चश्म:-ए-साफ़ी
दींदारों में पर आब है बाक़ी न सफ़ा है

आलिम है सो बेअक़्ल है जाहिल है सो वहशी
मनअम[4] है सो मग़रूर है मुफ़लिस सो गदा है

याँ राग है दिन रात तो वाँ रंग शबो-रोज़
ये मजलिसे आ'यान है वो बज़्मे-शुरफ़ा है

छोटों में इताअत है न शफ़क़त है बड़ों में
प्यारों में मुहब्बत है न यारों में वफ़ा है

दौलत है न इज़्ज़त न फ़ज़ीलत न हुनर है
इक दीन है बाक़ी सो वो बेबर्गो-नवा[5] है

है दीन की दौलत से बहा, इल्म से रौनक़
बेदौलतो-इल्म इसमें न रौनक न बहा[6] है

शाहिद[7] है अगर दीन तो इल्म उसका है ज़ेवर
ज़ेवर है अगर इल्म तो माल उसकी जिला[8] है

जिस क़ौम में और दीन में हो इल्म न दौलत
उस क़ौम की और दीन की पानी पे बिना[9] है

---

1. जाहिलों की तलवार का निशाना, 2. अहमक़, 3. बकवास करने वाला, 4. दौलतमन्द, 5. बेसरो-सामान, 6. क़ीमत, 7. प्यारा, 8. चमक-दमक, 9. बुनियाद।

गो क़ौम में तेरी नहीं अब कोई बड़ाई
पर नाम तेरी क़ौम का याँ अब भी बड़ा है

डर है कहीं ये नाम भी मिट जाय न आख़िर
मुद्दत से इसे दौरे-ज़मां[1] मेट रहा है

जिस क़स्र का था सर-बफ़लक[2] गुंबदे-इक़बाल
अदबार की अब गूँज रही उसमें सदा है

बेड़ा था न जो बादे-मुख़ालिफ़[3] से ख़बरदार
जो चलती है अब चलती ख़िलाफ़ उसके हवा है

वो रौशनी-ए-बामो-दरे-किश्वरे-इस्लाम
याद आज तलक जिसकी ज़माने को ज़िया है

रौशन नज़र आता नहीं वाँ कोई चराग़ आज
बुझने को है अब गर कोई बुझने से बचा है

इशरतकदे[4] आबाद थे जिस क़ौम के हर सू
उस क़ौम का एक एक घर अब बज़्मे-अज़ा[5] है

चाऊश[6] थे ललकारते जिन रहगुज़रों में
दिन रात बलंद उनमें फ़क़ीरों की सदा है

वो क़ौम कि आफ़ाक़ में जो सर-बफ़लक थी
वो याद में अस्लाफ़ के अब रू-ब-क़ज़ा[7] हैं

जो क़ौम कि मालिक थी उलूम और हिकम की
अब इल्म का वाँ नाम न हिकमत का पता है

खोज उनके कमालात का लगता है अब इतना
गुम दश्त में इक क़ाफ़िला है बेतबलो-दरा[8] है

1. ज़माने की गर्दिश, 2. आसमान को छूने वाला, 3. विपरीत दिशा में चलने वाली हवा, 4. ख़ुशियों के पर, 5. मातम की मजलिस, 6. चोबदार, 7. समाप्ति की ओर, 8. युद्ध का ढोल और उसकी आवाज़।

बिगड़ी है कुछ ऐसी कि बनाए नहीं बनती
है इससे ये ज़ाहिर कि यही हुक्मे-क़ज़ा है

थी आस तो था ख़ौफ़ भी हमराह रजा[1] के
अब ख़ौफ़ है मुद्दत से दिलों में न रजा है

जो कुछ हैं वो सब अपने ही हाथों के हैं करतूत
शिकवा है ज़माने का न क़िस्मत का गिला है

देखे हैं ये दिन अपनी ही ग़फ़लत की बदौलत
सच है कि बुरे काम का अंजाम बुरा है

की ज़ेब-बदन[2] सबने ही पोशाक कताँ[3] की
और बर्फ़ में डूबी हुई किश्वर की हवा है

दरकार हैं याँ मार्के[4] में जोशनो-ख़फ़्ताँ*
और दोश पे यारों के वही कुहना[5] रिदा है

दरिया-ए-पुर-आशोब है इक राह में हाइल
और बैठके घोड़नाव[6] पे याँ क़स्दे-शना है

मिलती नहीं इक बूँद भी पानी की जहाँ मुफ़्त
वाँ क़ाफ़िला सब घर से तही-दस्त[7] चला है

याँ निकले हैं सौदे को दिरम लेके पुराने
और सिक्कारवां शह्‌र में मुद्दत से नया है

फ़रियाद है ऐ कश्ती-ए-उम्मत के निगहबान
बेड़ा ये तबाही के क़रीब आन लगा है

---

1. उम्मीद, 2. शरीर पर सजना, 3. रेशम, 4. जंग, 5. पुराना, 6. लकड़ी के घोड़े जैसी न चलने वाली दिखावे की कश्ती, 7. ख़ाली हाथ।

* जिरह के अन्दर पहना जाने वाला कपड़ा।

ऐ चश्मः-ए-रहमत 'ब अबी अन्ता व उम्मी*
दुनिया पे तेरा लुत्फ़ सदा आम रहा है

जिस क़ौम ने घर और वतन तुझसे छुड़ाया
जब तूने किया नेक सुलूक उनसे किया है

सदमा दुरे-दंदाँ को तेरे जिनसे कि पहुँचा
की उनके लिए तूने भलाई की दुआ की

की तूने ख़ता अफ़्व है उन कीनाकशों की
खाने में जिन्होंने कि तुझे ज़ह्र दिया है

सौ बार तेरा देख के अफ़्व और तरह्हुम
हर बाग़ी व सरकश का सर आख़िर को झुका है

जो बेअदबी करते थे अशआर में तेरी
मन्क़ूल उन्हीं से तेरी फिर मद्हो सना है

बर्ताव तेरे जबकि ये आ'दा[1] से हैं अपने
आ'दा से ग़ुलामों को कुछ उमीद सिवा है

हर हक़ से दुआ उम्मते-मरहूम के हक़ में
ख़तरों में बहुत जिसका जहाज़ आके घिरा है

उम्मत में तेरी नेक भी हैं बद भी हैं लेकिन
दिलदादः तेरा एक से एक इनमें सिवा है

ईमाँ जिसे कहते हैं अक़ीदे में हमारे
वो तेरी मुहब्बत तेरी इतरत के विला है

हर चपक़लशे[2] दह्र-मुख़ालिफ़ में तेरा नाम
हथियार जवानों का है पीरों का असा[3] है

---

* तुझ पर मेरे माँ-बाप फ़िदा हों
1. शत्रु, 2. झगड़ा, 3. बूढ़ों की लाठी।

जो ख़ाक तेरे दर पे है जारूब[1] से उड़ती
वो ख़ाक हमारे लिए दारू-ए-शफ़ा[2] है

जो शह्र हुआ तेरी विलादत से मुशर्रफ़[3]
अब तक वही क़िब्ल: तेरी उम्मत का रहा है

जिस मुल्क ने पाई तेरी हिजरत से सआदत
काबे से कशिश उसकी हर इक दिल में सिवा है

कल देखिए पेश आये ग़ुलामों को तेरे क्या
अब तक तो तेरे नाम पे इक एक फ़िदा है

हम नेक हैं, या बद हैं, फिर आख़िर हैं तुम्हारे
निस्बत बहुत अच्छी है अगर हाल बुरा है

गर बद हैं तो हक़ अपना है कुछ तुझ पे ज़ियाद:
अख़बार में 'अत्तालेहुली'* हमने सुना है

तदबीर सँभलने की हमारे नहीं कोई
हाँ, एक दुआ तेरी कि मक़बूले-ख़ुदा है

ख़ुद जाह[4] के तालिब हैं न इज़्ज़त के हैं ख़्वाहाँ
पर फ़िक्र तेरे दीन की इज़्ज़त की सदा है

गर दीन को जोखों नहीं ज़िल्लत से हमारी
उम्मत तेरी हर हाल में राज़ी ब रज़ा है

इज़्ज़त की बहुत देख लीं दुनिया में बहारें
अब देख लें ये भी कि जो ज़िल्लत में मज़ा है

---

* बुरे लोग मेरे हिस्से में हैं (हदीस)

1. झाड़ू, 2. स्वास्थ्य की दवा, 3. इज़्ज़तदार, 4. प्रतिष्ठा।

ख़्वाजा अल्ताफ़ हुसैन 'हाली'

मशहूर शाइर, आलोचक और जीवनी-लेखक ख़्वाजा अल्ताफ़ हुसैन 'हाली' का जन्म 1837 में पानीपत में हुआ था। उनकी प्रारम्भिक शिक्षा वहीं हुई। बाद में वे दिल्ली चले गए जहाँ उन्होंने आगे की पढ़ाई की। दिल्ली में उन्हें मशहूर शाइर मिर्ज़ा ग़ालिब का साथ मिला। हाली का जहाँगीराबाद के नवाब मुस्तफ़ा ख़ान शेफ़्ता से भी लम्बा रिश्ता रहा। हाली ने लाहौर के पंजाब गवर्नमेंट बुक डिपो में काम किया, दिल्ली के एंग्लो अरेबिक स्कूल में भी पढ़ाया। 1879 में उन्होंने 'मद्द-ओ-जज़्र-ए-इस्लाम' लिखा जो 'मुसद्दस-ए-हाली' के नाम से प्रसिद्ध है। इसके अलावा उन्होंने 'यादगार-ए-ग़ालिब', 'हयात-ए-सादी', 'हयात-ए-जावेद' की भी रचना की।

1904 में ब्रिटिश सरकार ने हाली को 'शम्सुल-उलमा' के ख़िताब से नवाज़ा। दिसम्बर, 1914 में उनका निधन हुआ।

अब्दुल बिस्मिल्लाह

हिन्दी के सुप्रसिद्ध साहित्यकार अब्दुल बिस्मिल्लाह का जन्म 5 जुलाई, 1949 को उत्तर प्रदेश, इलाहाबाद के बलापुर गाँव में हुआ। उन्होंने इलाहाबाद विश्वविद्यालय से एम.ए. तथा डी.फिल्. किया। 'झीनी झीनी बीनी चदरिया', 'मुखड़ा क्या देखे', 'अपवित्र आख्यान', 'कुठाँव' आदि आठ उपन्यास और सात कहानी संग्रह प्रकाशित हैं। अन्य विधाओं में भी लिखा है। 'झीनी झीनी बीनी चदरिया' उपन्यास विशेष रूप से चर्चित तथा अंग्रेज़ी और उर्दू में भी प्रकाशित है। उनके कई उपन्यास और अनेक कहानियाँ विभिन्न भारतीय और विदेशी भाषाओं में अनूदित हुए हैं। उन्होंने मौलिक लेखन के अतिरिक्त उर्दू साहित्य की कई ख्यातिलब्ध रचनाओं का हिन्दी में लिप्यन्तरण और अनुवाद भी किया, जिनमें फ़ैज़ अहमद 'फ़ैज़' का कविता-समग्र 'सारे सुखन हमारे' बहुचर्चित रहा है।

सोवियत लैंड नेहरू अवार्ड समेत अनेक पुरस्कारों से सम्मानित। जामिया मिल्लिया इस्लामिया, नई दिल्ली के हिन्दी विभाग में प्रोफ़ेसर एवं अध्यक्ष रहे। अब सेवानिवृत्त।

ई-मेल : abismillah786@gmail.com